AF626839

500 Hidden Secrets

BARCELONA

BRUCKMANN

EINFÜHRUNG

Dieser Führer zeigt Ihnen ein Barcelona, wie es kaum einer kennt. Verlassen Sie die ausgetretenen Pfade auf der Suche nach versteckten Gärten, unbekannten Museen, den besten Tapas-Bars, den leckersten Fischrestaurants, sehenswerten Werke von Gaudí oder den ältesten und bezauberndsten Geschäften. Entdecken Sie nicht nur bewegte Geschichte, sondern auch die Gegenwart: Barcelona ist eine dynamische Metropole mit atemberaubenden neuen Bauten, einer experimentierfreudigen Küche, aufregenden Einkaufsmeilen und einigen der besten Dance-Clubs Europas.

Dieses Buch möchte Sie von überlaufenen Touristen-Hotspots wegführen, um Ihnen ein urtypisches Barcelona zu zeigen. Camp Nou etwa, das Fußballstadion des legendären Heimatclubs Barça im Viertel Les Corts, wird nicht nur erwähnt, sondern Sie erfahren auch 5 gute Gründe für einen Besuch des Stadionviertels. Neben Anregungen für einen unterhaltsamen Samstagabend finden Sie die besten Cafés für einen gemütlichen Brunch oder wunderschöne Parkanlagen für den Spaziergang hinterher. Und als i-Tüpfelchen noch ein paar Extras: 5 Phrasen auf Katalanisch, die man beherrschen sollte, 5 rätselhafte Großstadtmythen, oder warum Sie einen Blick in verlassene Pförtnerlogen werfen sollten.

Für die »üblichen Verdächtigen«, sprich: die einschlägigen Sehenswürdigkeiten Barcelonas, gibt es genügend Reiseführer oder Websites. Dieser soll Ihnen einen intimen Einblick in solche Orte bieten, die der Autor auch Freunden für eine Reise dorthin empfehlen würde.

ÜBER DAS BUCH

Dieser Reiseführer bietet 500 wissenswerte Tipps zu Barcelona in 100 verschiedenen Kategorien, meist Orte, deren Besuch sich lohnt, sowie praktische Informationen, die helfen sollen, sich in der Stadt zurechtzufinden. Er soll in erster Linie inspirieren; Barcelona vollständig darzustellen ist nicht sein Ziel.

Zu jedem Eintrag sind eine Nummer, die Adresse (das Kürzel »C/« steht für »Carrer«) sowie der jeweilige Stadtteil angegeben, damit Sie die Orte auf den Karten am Anfang des Buches finden. Suchen Sie dort im Plan des Stadtteils nach der entsprechenden Nummer. Hierzu ein wichtiger Hinweis: Die Karten sind nicht sehr detailliert und können nur einen groben Überblick vermitteln. Einen genaueren Stadtplan erhalten Sie bei der Touristeninformation von Barcelona, Plaça de Catalunya 17. Oder Sie nutzen die Karten-App Ihres Smartphones.

Bitte denken Sie auch daran, dass sich eine Stadt wie Barcelona ständig verändert – der hochgelobte Chefkoch hat vielleicht ausgerechnet bei Ihrem Besuch einen schlechten Tag. Das überschwänglich bewertete Hotel erlebt vielleicht gerade unter neuem Management einen Abschwung. Die Bar, die als eine der 5 coolsten Musikclubs der Stadt gilt, könnte am Tag Ihres Besuchs leer sein. Die hier vorgestellte Auswahl ist sehr persönlich und wird nicht immer mit Ihrer eigenen übereinstimmen. Wenn Sie einen Kommentar hinterlassen, eine Bar empfehlen oder Ihren Lieblingsort verraten wollen, besuchen Sie bitte *www.the500hiddensecrets.com* oder folgen Sie *@500hiddensecrets* auf Facebook oder Instagram.

DER AUTOR

Mark Cloostermans (Jahrgang 1977) studierte Englische und Niederländische Literatur und arbeitete als Journalist und Buchrezensent für die flämische Tageszeitung *De Standaard*. Als er 2008 Barcelona zum ersten Mal besuchte, verliebte er sich auf Anhieb in die Stadt, deren Rhythmus und Farben. Ein Jahr später kehrte er zurück und machte sie 2010 zu seiner neuen Heimat.

Cloostermans, der als freischaffender Berater und Texter arbeitet, veröffentlichte ein Buch über den belgischen Krimiautor Georges Simenon (*De man die van vrouwen hield: Georges Simenon in 27 romans*) sowie *Spoiler*, eine Sammlung von Aufsätzen zu Fernsehserien und klassischer Literatur.

Der Autor möchte sich besonders bedanken bei Bart Van Aken (der den Kontakt zum Verleger dieses Buchs herstellte), Tino van den Berg (dem es gelang, die Stadt in wunderbaren Bildern einzufangen), bei seiner Lektorin Dettie Luyten und nicht zuletzt bei seinem Partner, Jairo Guerrero.

BARCELONA
Übersicht

Karte 1
RAVAL

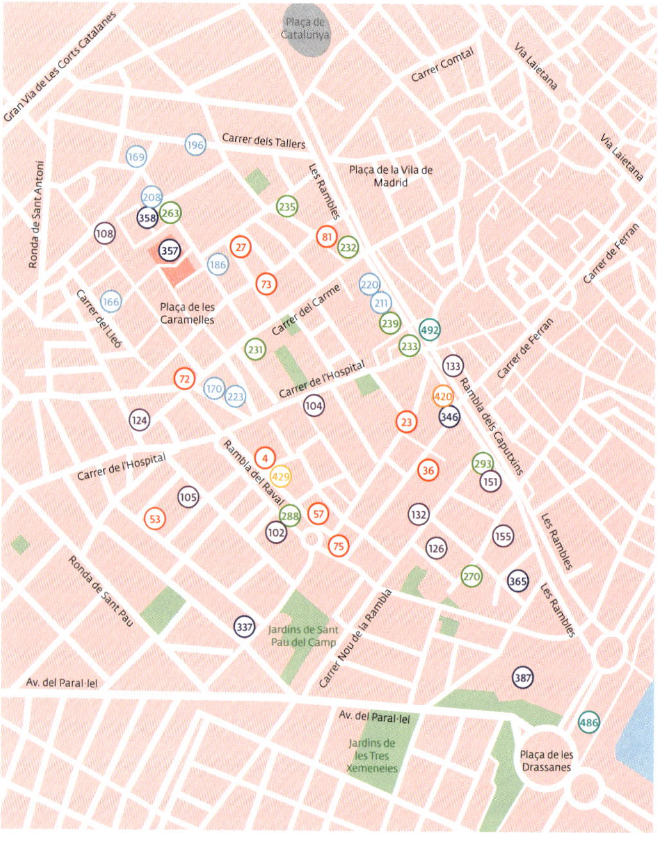

ESSEN – TRINKEN – SHOPPEN – ENTDECKEN – KULTUR – KINDER – SCHLAFEN – QUERBEET

Karte 2

EL GÒTIC

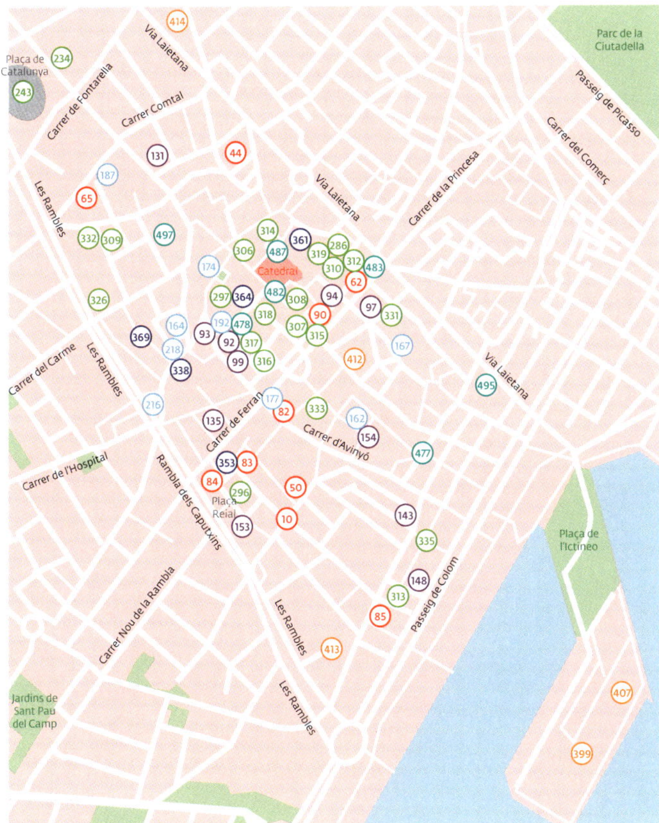

ESSEN – TRINKEN – SHOPPEN – ENTDECKEN – KULTUR – KINDER – SCHLAFEN – QUERBEET

Karte 3

BORN

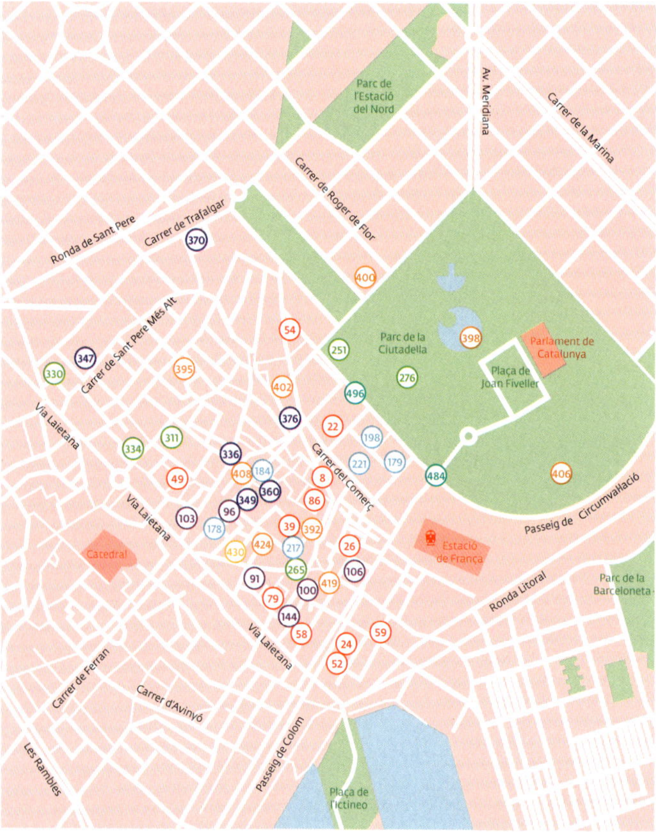

ESSEN – TRINKEN – SHOPPEN – ENTDECKEN – KULTUR – KINDER – SCHLAFEN – QUERBEET

Karte 4

BARCELONETA

ESSEN – TRINKEN – SHOPPEN – ENTDECKEN – KULTUR – KINDER – SCHLAFEN – QUERBEET

Karte 5

POBLENOU

ESSEN – TRINKEN – SHOPPEN – ENTDECKEN – KULTUR – KINDER – SCHLAFEN – QUERBEET

Karte 6

POBLE SEC/MONTJUÏC

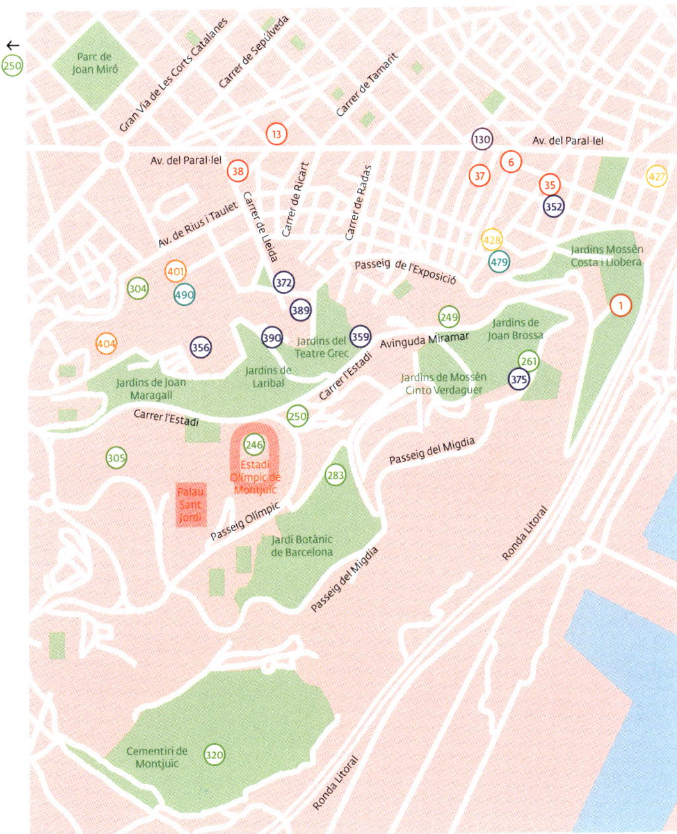

ESSEN – TRINKEN – SHOPPEN – ENTDECKEN – KULTUR – KINDER – SCHLAFEN – QUERBEET

Karte 7

SANT ANTONI

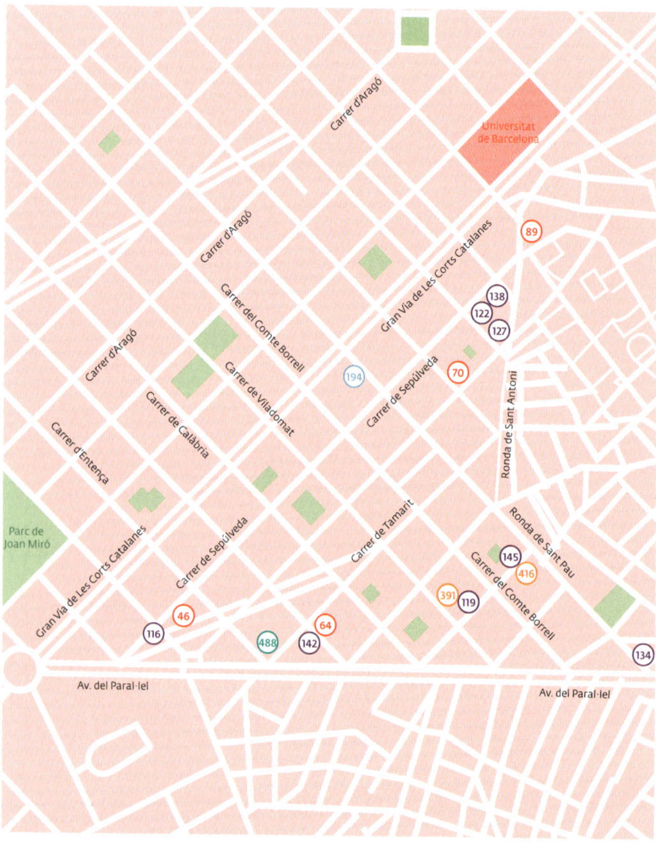

ESSEN – TRINKEN – SHOPPEN – ENTDECKEN – KULTUR – KINDER – SCHLAFEN – QUERBEET

Karte 8

LES CORTS

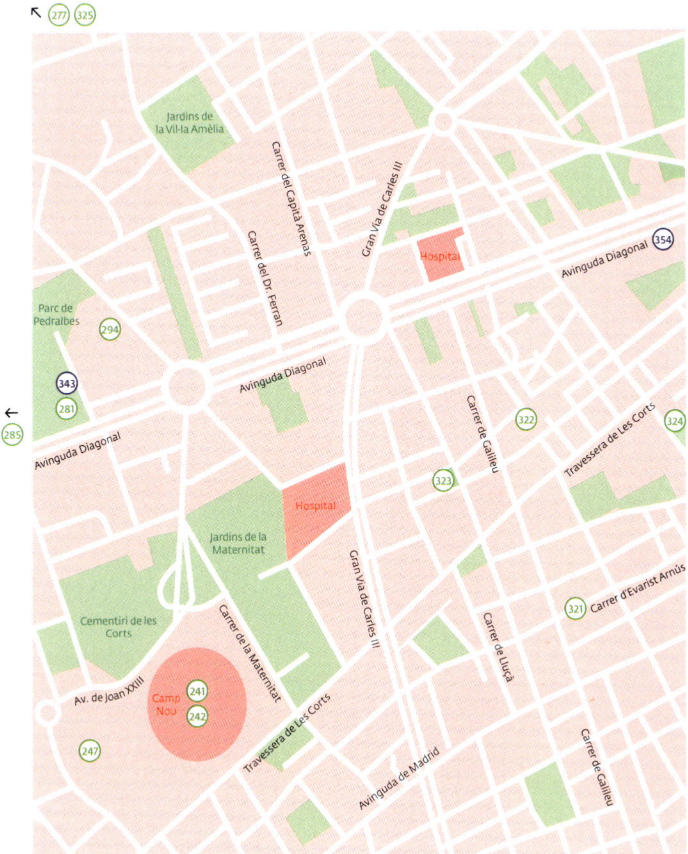

Karte 9

EIXAMPLE

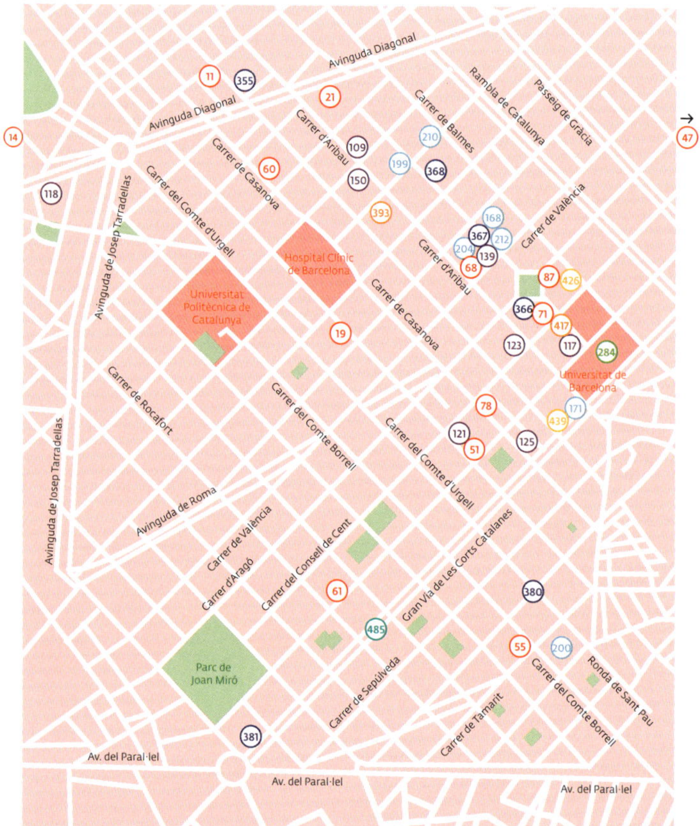

ESSEN – TRINKEN – SHOPPEN – ENTDECKEN – KULTUR – KINDER – SCHLAFEN – QUERBEET

Karte 10

DRET DE L'EIXAMPLE

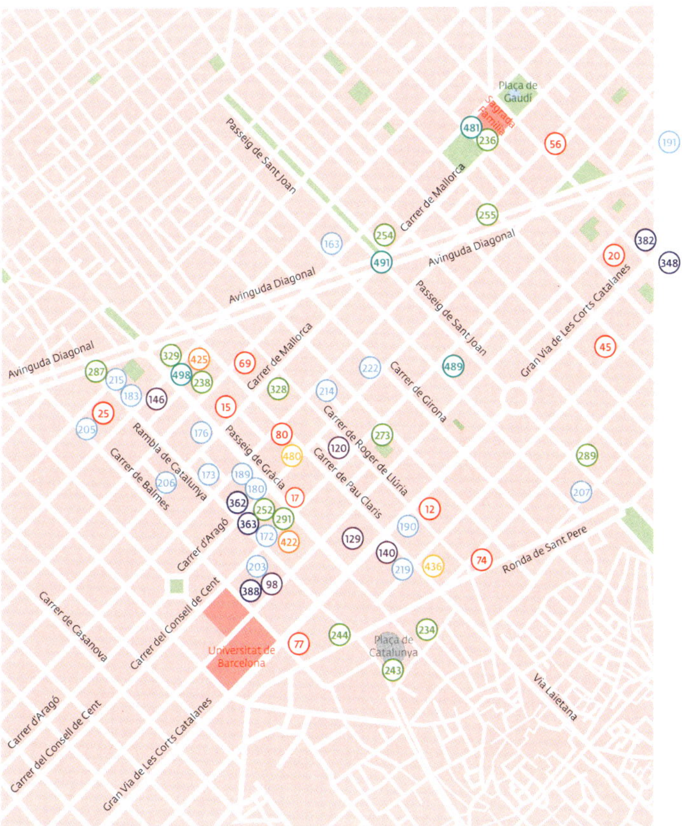

ESSEN – TRINKEN – SHOPPEN – ENTDECKEN – KULTUR – KINDER – SCHLAFEN – QUERBEET

Karte 11

GRÀCIA

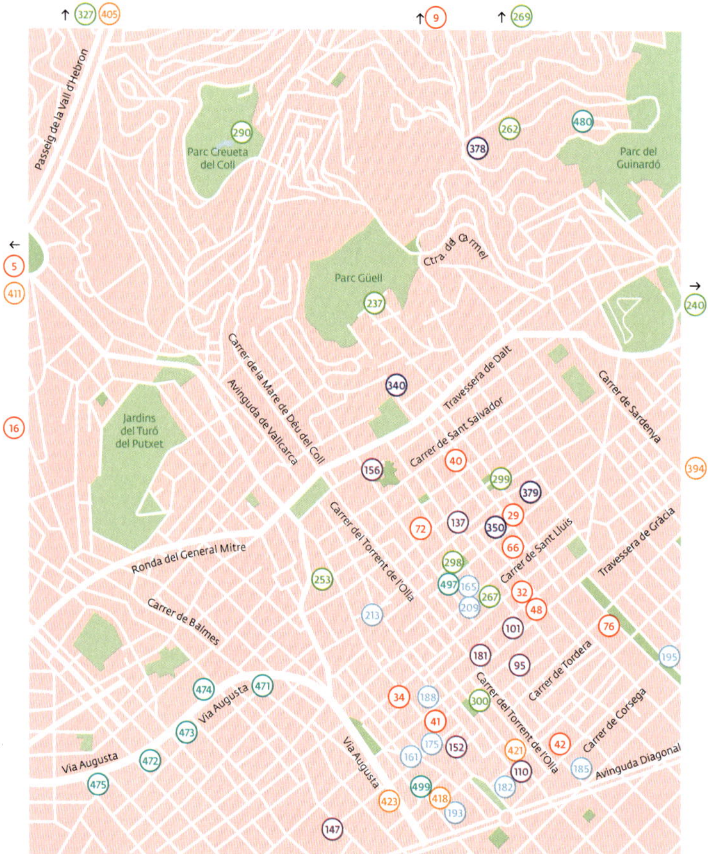

ESSEN – TRINKEN – SHOPPEN – ENTDECKEN – KULTUR – KINDER – SCHLAFEN – QUERBEET

WC
AR-048-BM
RUE
RCOUF
EL CASAL

51
STAFF
ONLY

90 ORTE, UM GUTES ESSEN ZU GENIESSEN ODER ZU KAUFEN

5 *Locations mit* **TOLLEM AUSBLICK**

1 **MARTINEZ**
Ctra de Miramar 38
Poble Sec/Montjuïc ⑥
+34 (0)93 106 60 52
www.martinez barcelona.com

Ein recht gutes Fischrestaurant, doch es ist vor allem die Lage, weshalb man hier einkehrt: hoch oben auf dem Montjuïc mit atemberaubendem Ausblick auf einen Großteil der Stadt. Perfekt für einen romantischen Abend zu zweit.

2 **NASS BEACH**
Plaça del Mar s/n
Barceloneta ④
+34 (0)93 221 00 10
www.cnab.cat

Das nicht überteuerte Restaurant des Club Natació Atlètic-Barceloneta überblickt den Strand. Fantastisches Mittagessen mit Schwerpunkt Fisch. Kürzlich eröffnete nebenan das Restaurant Beach Garden noch näher am Wasser, das jedoch das bodenständige Barcelona-Feeling des Club-Restaurants nicht erreicht.

3 **BLUE SPOT BARCELONA**
8. STOCK, EDIFICI OCEAN
Passeig de Joan de Borbó 101
Barceloneta ④
+34 (0)93 144 78 66
www.encompania delobos.com

Das Restaurant in der 8. Etage eines Hochhausgebäudes bietet einen 360-Grad-Blick über Mittelmeer und Stadt. Die sättigenden Gerichte (besonders Meeresfrüchte!) sind nicht so überteuert, wie Lage und Qualität der Zutaten es vielleicht vermuten ließen. Die stilvolle Terrasse verwandelt sich am Abend in eine Cocktailbar.

4 **B-LOUNGE RESTAURANT**

Rambla del Raval 17
Raval ①
+34 (0)93 320 14 90
www.barcelo.com/es/raval

Das recht mondäne Restaurant, das zum Hotel Barceló Raval (Nr. 429) gehört, verfügt über eine Terrasse mit Panoramablick. Das Essen ist ausgezeichnet, die Preise sind vernünftig, und die Gäste genießen den tollen Blick auf eines der aufregendsten und schillerndsten Stadtviertel Barcelonas.

5 **MIRABLAU**

Plaça del Doctor Andreu s/n
Gràcia ⑪
+34 (0)93 418 58 79
www.mirablaubcn.com

Wenn Sie mit der Tramvia Blau den Tibidabo hinauffahren, gelangen Sie direkt vor die Eingangstür des Restaurants mit Blick zum Meer. Ein Panorama (mit Stadt, Sagrada Família, Meer, Montjuïc …), bei dem mit Sicherheit keine Langeweile aufkommt. Überwiegend Tapas, oft recht gewagt gewürzt.

1 MARTINEZ

5 Orte, um unter EINHEIMISCHEN ZU SPEISEN

6 **CAN EUSEBIO**
C/ de Vila i Vilà 84
Poble Sec/Montjuïc ⑥
+34 (0)93 442 03 07
can-eusebio.negocio.site

Vor einiger Zeit wurde das Poble Sec zwischen Raval und Montjuïc von Einheimischen »wiederentdeckt«. Ein lebhaftes Viertel, doch ohne das Chaos, dem man zuweilen in Raval begegnet, und entschieden preiswerter als Touristenviertel wie El Born. Das Can Eusebio ist ein gutes Beispiel dafür: leckere Tapas zum günstigen Preis (Abendessen 7 Euro, 2 Euro fürs Dessert).

7 **LA COVA FUMADA**
C/ del Baluard 56
Barceloneta ④
+34 (0)93 221 40 61

Eine altmodische Bodega, familiengeführt und bei den Einheimischen sehr beliebt. Mediterrane Speisekarte: marinierte Sardinen, Kichererbsen mit *morcilla* (Blutwurst) und vieles mehr.

8 **PIM PAM PLATS**
Carrer del Rec 18
Born ③
+34 (0)93 315 20 93
www.pimpamplats.com

Dieses Restaurant bietet schnelle, herzhafte Küche als perfekte Vorbereitung für eine wilde Nacht. Sichern Sie sich einen Platz, um klassisch italienische Gerichte zu genießen, oder testen Sie die Hamburger im günstigeren kleinen »Bruder« Pim Pam Burger gleich um die Ecke.

9 **QUIMET D'HORTA**

Plaça d'Eivissa 10
Gràcia ⑪
+34 (0)93 358 19 16
www.quimethorta.com

Die Besitzer des Quimet d'Horta denken sichtlich in großen Dimensionen: Die Wand voller Flaschen hinter dem Tresen ist riesig, die Auswahl an Sandwiches (*bocadillos*) beeindruckend. Die Speisekarte bietet davon nicht weniger als 85 verschiedene Varianten, neben 37 Arten von Tortillas. Kurz: eine perfekte Wahl, wenn man den Abend im ruhigen Horta-Viertel angenehm ausklingen lassen möchte.

10 **LOS CARACOLES**

C/ dels Escudellers 14
El Gòtic ②
+34 (0)93 301 20 41
www.loscaracoles.es

Das Los Caracoles, auch bekannt unter der Bezeichnung Casa Bofarull (nach dem Namen der Besitzer), spiegelt fast zwei Jahrhunderte Gastronomie-Erfahrung wider. Das Innere präsentiert sich als Labyrinth aus holzvertäfelten Räumen, viele davon winzig, einige mit Blick direkt in die Küche (mit authentischem Kohleofen), und jeder einzelne dicht behängt mit Fotos all jener Berühmtheiten, die hier schon mal gegessen haben. Ein Laden mit viel Charakter, der besonders für zwei Gerichte steht: Hühnchen und Schnecken (*caracoles*). Doch es gibt auch Spezialitäten mit Meeresfrüchten und nicht zuletzt Paella.

5 Restaurants mit MICHELIN-STERNEN

11 **HISOP**
Passatge Marimon 9
Eixample ⑨
+34 (0)93 241 32 33
www.hisop.com

Hier werden klassische Gerichte der katalanischen Küche neu erfunden, bei denen ausschließlich saisonal verfügbare hochwertige Zutaten zum Einsatz kommen, was diesem einladenden Restaurant seinen Michelin-Stern einbrachte. Das Degustationsmenü überrascht mit wahren Geschmacksexplosionen, die nicht selten auf eher schlichten Zutaten basieren. Ganz besonders für Käsefans zu empfehlen.

12 **CAELIS**
Gran Via de les Corts Catalanes 668
Dret de l'Eixample ⑩
+34 (0)93 510 12 05
www.caelis.com

Wer die Preise der Spitzengastronomie nicht gewohnt ist, dem mag ein Degustationsmenü für 80 Euro teuer erscheinen, doch das Caelis (1 Michelin-Stern) hat seine Preise durchaus fair kalkuliert. Kaviar, Foie Gras, Rinder-Tatar, Tournedos Rossini und ein Cristal Melba zum Dessert? Ein Abend im Caelis lässt einen in die Genusswelt längst vergangener Tage eintauchen. Modernes Zugeständnis: das vegetarische Menü.

13 **TICKETS**

Av. del Paral·lel 164
Poble Sec/Montjuïc ⑥
+34 (0)93 292 42 54
www.ticketsbar.es

Das Restaurant Albert Adriàs (Bruder des legendären Ferran!) markiert heute, unter Leitung von Fran Agudo, die Nr. 32 auf der Forbes-Liste der 50 weltbesten Restaurants 2018. Reservierung: mindestens 2 Monate im Voraus. Sobald Sie eingetreten sind, fragt Sie der Kellner nach Ihren kulinarischen Präferenzen und stellt dann für Sie ein Menü zusammen.

14 **VIA VENETO**

C/ de Ganduxer 10
Eixample ⑨
+34 (0)93 200 72 44
www.viaveneto.es

Ein Dauerbrenner spanischer Haute Cuisine ist das opulent eingerichtete Via Veneto (1 Michelin-Stern). Probieren Sie Meerbarbe mit *samfaina* (Eintopf aus Auberginen, Tomaten und Zwiebeln) oder »angebrannte« Reispfanne mit Aal aus dem Ebrodelta (im Süden der Region; ebenfalls einen Besuch wert!). Das Restaurant ist fest in der katalanischen Küchentradition verankert und genießt beinahe Kultstatus.

15 **LASARTE**

C/ de Mallorca 259
Dret de l'Eixample ⑩
+34 (0)93 445 32 42
www.restaurantlasarte.com

Vorzüglich präsentierte, unendlich delikate Gerichte des legendären Küchenchefs Martín Berasategui in einem hellen, geräumigen Speisesaal. Teuer, also wohl jene Art von Restaurant (2 Michelin-Sterne), das man sich nur selten im Leben leistet, um dann für den Rest des Lebens davon zu schwärmen.

5 Lokale für

EXPERIMENTELLE KÜCHE

16 **ABAC**
Av. del Tibidabo 1
Gràcia ⑪
+34 (0)93 319 66 00
www.abacbarcelona.com/en/restaurant

Jordi Cruz ist einer der erfolgreichsten Jungköche Spaniens. Das zum ABaC Hotel gehörende Restaurant steht für kulinarische Überraschungen: gewagte Kombinationen und Gerichte, die man sich nicht hätte träumen lassen. Besonders das geräucherte Rindfleisch-Tatar brachte es bereits zu einiger Berühmtheit.

17 **MOMENTS**
Passeig de Gràcia 38
Dret de l'Eixample ⑩
+34 (0)93 151 87 81
www.mandarinoriental.com/barcelona/passeig-de-gracia/fine-dining

Das von Carme Ruscalleda und ihrem Sohn Raül Balam geführte Moments (2 Michelin-Sterne) serviert einfallsreiche Gerichte in theaterähnlichem Design (von Patricia Urquiola). Von einer spanischen Zeitung nach seinem bekanntesten Gericht gefragt, antwortete Chefkoch Balam: »Karottenkuchenbecher« – ein avantgardistisch wirkendes würfelförmiges Dessert, zubereitet in einer Backform, das von seiner Mutter vor über 20 Jahren kreiert wurde. Nur mit Reservierung: Degustationsmenü oder Bestellung à la carte.

18 ENOTECA

Im Hotel Arts
C/ de la Marina 19–21
Poblenou ⑤
+34 (0)93 483 81 08
www.enotecapacoperez.com

Durch die Türen der Enoteca spaziert man nicht zufällig. Das Restaurant ist Teil des Hotel Arts (Nr. 432), eines der beiden Wolkenkratzer am Strand von Barcelona. Hier finden Sie nicht nur die wohl längste Weinkarte der Stadt (700 Posten), sondern auch die fantastische Küche des Chefkochs Paco Pérez, der aus Qualitätszutaten fantastische neue Kreationen zaubert.

19 DISFRUTAR

C/ de Villarroel 163
Eixample ⑨
+34 (0)93 348 68 96
www.disfrutarbarcelona.com

Die gemütliche Bar am Eingang, der Mittelteil mit Blick auf die Küche oder die schöne Terrasse im hinteren Bereich? Egal, wo Sie einen Platz finden, das Essen ist erstklassig, der Service untadelig, warm und herzlich. Das Design des »Genießer«-Restaurants mit heller 1970er-Atmosphäre spiegelt den Stil der Markthalle Mercat del Ninot auf der gegenüberliegenden Straßenseite wider.

20 MANAIRÓ

C/ de la Diputació 424
Dret de l'Eixample ⑩
+34 (0)93 231 00 57
www.manairo.com

Die einstige Stierkampfarena Monumental (Nr. 382) liegt um die Ecke – passend für ein Fleisch-Restaurant, das verspricht, das ganze Tier für seine Gerichte zu verwenden, von der Schnauze bis zum Schwanz. Die Speisekarte in Jordi Herreras Manairó listet vor allem Fleischgerichte; selbst wenn Sie etwas mit Fisch bestellen, finden Sie höchstwahrscheinlich auch etwas Fleischiges auf dem Teller. Das Ergebnis ist eine wahre Freude für Auge und Gaumen.

5 *unglaublich*
STILVOLLE LOKALE

21 **LA DAMA**
Av. Diagonal 423
Eixample ⑨
+34 (0)93 209 63 28
www.la-dama.com

Das La Dama logiert in der Casa Sayrach, einem von Türmchen gekrönten, eleganten Gebäude des späten Modernisme, von dem Sie wahrscheinlich nie gehört haben, denn es ist für die Öffentlichkeit nicht zugänglich … außer, Sie speisen in diesem Restaurant. Kein billiges Vergnügen, das sich jedoch wegen des galicischen Kalbfleischs, des Weinkellers und der majestätisch anmutenden Einrichtung unbedingt lohnt.

22 **LLAMBER**
Carrer de la Fusina 5
Born ③
+34 (0)93 319 62 50
www.llamber.com

Diese Gastrotaverna mit verblüffender Kombination aus Holzverkleidung und einem Hauch Industrial Design ist ein angesagter Spot im Herzen des vornehmen Viertels El Born mit dem kürzlich restaurierten Mercat del Born (Nr. 221). Direkt nebenan liegt Oriol Balaguers gefeierte Patisserie La Xocolateria.

23 FONDA ESPAÑA

C/ de Sant Pau 9–11
Raval ①
+34 (0)93 550 00 00
www.hotelespanya.com/es/restaurante-fonda-espana/

Der Architekt Lluís Domènech i Montaner, »Vater« prächtiger Jugendstilbauten, wie Hospital de la Santa Creu i Sant Pau (Nr. 240) oder Palau de la Música Catalana (Nr. 330) entwarf auch den atemberaubenden Speisesaal des Hotel España. Die Küche des Chefkochs German Espinosa wird dieser Lage mehr als gerecht.

24 7 PORTES

Passeig Isabel II 14
Born ③
+34 (0)93 319 30 33
www.7portes.com

In einem Viertel mit zahlreichen Touristenfallen ist es erfreulich, etwas Verlässliches wie den ehemaligen Intellektuellentreff 7 Portes zu finden. »Sieben Türen« führen in ebenso viele Speisesalons im Stil des 19. Jahrhunderts. Auch die Kellner mit langen Servierschürzen wirken, als habe sich hier seit damals wenig verändert. Ein guter Ort für klassische katalanische Küche, serviert in großzügigen Portionen.

25 WINDSOR

C/ de Corsèga 286
Dret de l'Eixample ⑩
+34 (0)93 237 75 88
www.restaurantwindsor.com

Das Windsor im gesamten Erdgeschoss des Gebäudes ist unterteilt in verschiedene Bereiche, teils klein und intim, teils größer und opulenter ausgestattet. Mittags finden sich zahleiche Geschäftsleute ein, am Abend eher solche Gäste, die die unkomplizierte Art der Kellner und die ausgezeichnete klassische, stilvolle Küche zu schätzen wissen. Das Windsor weiß mit Traditionen umzugehen.

5 köstliche
FISCHRESTAURANTS

26 **CAL PEP**
Plaça de les Olles 8
Born ③
+34 (0)93 310 79 61
www.calpep.com

Cal Pep, katalanisch »Bei Pep«, bezieht sich auf Josep Manubens Figueres, einen der berühmtesten Köche Kataloniens. Spezialität des Hauses sind als Tapas servierte frische Meeresfrüchte. Mittags steht man draußen an, um einen Platz an der Bar zu ergattern. Tolles Essen, entspannte Atmosphäre.

27 **DOS PALILLOS**
Carrer d'Elisabets 9
Raval ①
+34 (0)93 304 05 13
www.dospalillos.com

Teuer, doch zweifellos eines der besten Fischrestaurants der Stadt. Die Gäste sitzen am Tresen und schauen dem Team bei der Zubereitung der Gerichte zu. Dabei ist deren Optik nicht weniger eindrucksvoll als ihr Geschmack.

28 **BAR JAI-CA**
Carrer de Ginebra 13
Barceloneta ④
+34 (0)93 268 32 65
www.barjaica.com

Ein Klassiker in Barceloneta und wohl daher besonders üppig dekoriert. Eigentlich gibt es zwei Locations: eine kleine Eckkneipe mit Bierfässern ausschließlich für Getränke neben einer Tapas-Bar (etwas weiter, hinter der Apotheke), die delikate, reichhaltige Tapas (frittierte Teigbällchen mit Dorsch, Garnelenkroketten) serviert.

29 **LLURITU**

Carrer del Torrent de les Flors 71
Gràcia ⑪
+34 (0)93 855 38 66
www.lluritu.com

Schmal wie die Straße ist das Restaurant: ein schmaler Schlauch mit wenigen Tischen und Hockern an der Wand. Lassen Sie sich verführen von den Empfehlungen der Karte und bestellen Sie ein Meeresfrüchtegericht nach dem anderen. Hier bleiben Sie länger hängen als geplant und gehen gut gelaunt nach Hause.

30 **CAN MAÑO**

Carrer del Baluard 12
Barceloneta ④
+34 (0)93 319 30 82

Preisgünstige Fischgerichte, serviert als »Fang des Tages« – unprätentiöses, gutes Essen, das mit Sorgfalt (und reichlich Knoblauch) zubereitet wird. Ein Sinnbild für katalanische Esskultur, die sich nicht in überteuerten Edelrestaurants, sondern in qualitativ verlässlichen Lokalen wie diesem hier entfaltet.

27 **DOS PALILLOS**

5 *Spezialisten für* PAELLA

31 **CHERIFF**
Carrer de Ginebra 15
Barceloneta ④
+34 (0)93 319 69 84
www.cheriff restaurant.es

Eigentlich ist Paella eher ein valencianisches als ein katalanisches Gericht. So findet man sie in Barcelona oft wenig schmackhaft zubereitet, besonders entlang der Ramblas. Fragen Sie einen Einheimischen nach der besten Paella der Stadt, so wird er höchstwahrscheinlich das Cheriff empfehlen. Bestellen Sie sich dort auch ein paar Meeresfrüchte als Vorspeise, und studieren Sie die kitschig-bewegte Meeresszene an der Wand, doch lassen Sie die Finger vom Dessert. (Es kann mit der Paella nicht mithalten …)

32 **L'ARROSSERIA XÀTIVA**
Carrer del Torrent d'en Vidalet 26
Gràcia ⑪
+34 (0)93 284 85 02
www.grupxativa.com/ arrosseria

Das Licht hier tut den Augen weh, doch dieses kleine Restaurant ist einfach unerreicht, wenn man im größeren Familienkreis essen gehen möchte. Die Mahlzeiten sind herzhaft, das Personal höchst angenehm und freundlich.

33 LA BARRACA

Passeig Marítim 1
Barceloneta ④
+34 (0)93 224 12 53
www.tribuwoki.com/restaurante/barraca-barceloneta

Was gibt es Schöneres, als frischen Fisch mit Blick aufs Meer zu speisen? Das La Barraca serviert großartige Paella, besonders den katalanischen Klassiker mit Sepia-Tinte (*arroz negro*). Die Lage direkt am Wasser wirkt sich natürlich auf die Preise aus: Ein Mittagessen kostet schlappe 20 Euro (statt 10–11 Euro wie in anderen Lokalen).

34 BOTAFUMEIRO

Carrer Gran de Gràcia 81
Gràcia ⑪
+34 (0)93 218 42 30
www.botafumeiro.net

Das Botafumeiro mit familiärer Atmosphäre und einer Einrichtung, die sich seit Einführung der Demokratie sichtlich nicht veränderte, ist eine echte Institution in Barcelona. Zuvorderst ein Fischrestaurant – der im Ofen in Salzkruste gegarte Wolfsbarsch ist wirklich unvergleichlich –, serviert es auch ausgezeichnete Paella: Reiseintopf mit Hummer, Meeresfrüchte-Paella oder »Schwarzen Reis« mit Sepia-Tinte und Baby-Calamari.

35 ELCHE

C/ de Vila i Vilà 71
Poble Sec/Montjuïc ⑥
+34 (0)93 441 30 89
www.elcherestaurant.es

Das etwas langweilig wirkende Restaurant serviert schmackhafte Reisgerichte und behauptet, sich als erstes Lokal der Stadt auf echt valencianische Paella spezialisiert zu haben. Und tatsächlich: Die Leute wissen, was sie tun. Ob mit Hummer oder Hühnchen, die Reisgerichte sind einfach fantastisch.

5 stimmungsvolle
TAPAS-BARS

36 **BAR CAÑETE**
Carrer de la Unió 17
Raval ①
+34 (0)93 270 34 58
www.barcanete.com

Die Bar Cañete stellt Sie vor die Wahl: Entweder Sie setzen sich an den Tresen (blaue Zone), um Ihre Tapas schnell zu essen, oder Sie wählen einen Platz am Tisch (rote Zone) und lassen sich beim Verspeisen Zeit. Ich empfehle die rote Zone, denn Rindfleisch-Tatar mit Wasabi, Artischocken-Tortilla und verschiedene andere Tapas lohnen sich garantiert. Ein wirklich angenehmes Restaurant, modern, ohne dass man dabei die typische Atmosphäre des Raval-Viertels vermissen müsste.

37 **QUIMET & QUIMET**
Carrer del Poeta Cabanyes 25
Poble Sec/Montjuïc ⑥
+34 (0)93 442 31 42
www.quimetquimet.com

Das Quimet & Quimet präsentiert sich als 25 m lange Gaststätte mit nur zwei Tischen (sich einen davon zu sichern, ist fast unmöglich), wo man ausgezeichnete *montaditos* serviert: hoch aufgetürmte Tapas. Der Laden wirkt auf den ersten Blick wie jede andere Bodega, doch lassen Sie sich nicht täuschen: Hier isst man deutlich besser.

40 **GATA MALA**

38 CAÑOTA

Carrer de Lleida 7
Poble Sec/Montjuïc ⑥
+34 (0)93 325 91 71
www.casadetapas.com

Das Cañota verheißt seinen Gästen eine Reise ins »Nirtapa«. Die 34-seitige Speisekarte ist nicht weniger witzig als das kleine Wortspiel und listet die Tapas nach Ursprungsland sortiert. Ein guter Ort, um *navajitas* (Schwert- oder Scheidenmuscheln) oder die hauseigene Version des klassischen *ensaladilla rusa* (Russischer Salat) zu probieren.

39 EL XAMPANYET

C/ de Montcada 22
Born ③
+34 (0)93 319 70 03
www.elxampanyet.es

Xampanyet, der Namensgeber, ist ein süßer, leichter Perlwein (Cava), den man hier als Begleitung zu den Tapas empfiehlt: Oliven, Würstchen, Sardellen und Ähnliches. Fast ein ganzes Jahrhundert alt, ist das Xampanyet eine nette, absolut verlässliche Wahl.

40 GATA MALA

Carrer de Rabassa 37
Gràcia ⑪
+34 636 39 36 10

Eine immer volle Bar mit lauthals brüllenden Damen hinter der Theke, wo das regelmäßig wechselnde Angebot an Tapas auf einer Tafel an der Wand steht: Was gibt es an der »Bösen Miezekatze« nicht zu mögen? Abgesehen davon wird das Viertel Gràcia mit seiner Pariser Atmosphäre von Touristen meist völlig unterschätzt. Das Gata Mala ist nur einer von vielen Gründen, um mit der Metro einmal hierher zu fahren.

5 *empfehlenswerte* ASIATISCHE *und* INDISCHE LOKALE

41 **SOMODÓ**
C/ Ros de Olano 11
Gràcia ⑪
+34 (0)93 415 65 48
www.somodo.es

Das Somodó kombiniert japanische und mediterrane Küche, Resultat sind köstliche, delikate Gerichte wie Jakobsmuschel-Tatar, Essenz von Pad Thai (Hühnchensalat), Thunfisch mit Foie Gras … Ein Fest für die Sinne. Hier wählt man aus mehreren Optionen: das Degustationsmenü (etwa 50 Euro) oder eines der kleineren Mittagsmenüs.

42 **TOYO**
Carrer del Torrent de l'Olla 10
Gràcia ⑪
+34 (0)93 459 26 30
www.toyobarcelona.com

Japanische Küche mit einem Hauch von Katalonien. Man speist entweder an einem separaten Tisch oder sucht sich einen Platz am Förderband, wo man unter den vorbeifahrenden kleinen Köstlichkeiten selbst seine Auswahl trifft. Das Personal ist äußerst routiniert und tüchtig.

43 **SURYA MUNTANER**

Carrer del Consell de Cent 236
Eixample ⑨
+34 (0)93 667 87 60
www.suryabarcelona.com

Nachdem sich das Surya als toller Inder im Carrer de Pau Claris 92 etabliert hatte, wurde 2015 ein zweites Restaurant eröffnet. Das Surya Muntaner ist noch ein wenig cooler, besonders wenn an Samstagabenden ein DJ seine Sets auflegt. Das Essen aber ist das gleiche: Butter Chicken, Gambas Madras, Gemüse-Biryani … Indische Klassiker in Kombination mit leckerem Streetfood wie Pakoras, Bhel Puri oder Samosas.

44 **KOY SHUNKA**

Carrer d'en Copons 7
El Gòtic ②
+34 (0)93 412 79 39
www.koyshunka.com

Höchst anspruchsvolle japanische Küche (mit entsprechenden Preisen). Vergessen Sie das Sushi zugunsten des Degustationsmenüs. Es bietet je nach Saison delikate Überraschungen wie Steinbutt und Shiitake-Pilze oder pochierten Baby-Kalmar mit Ume-Pflaumen-Sauce.

45 **HIMALAYA**

Carrer de Casp 150
Dret de l'Eixample ⑩
+34 (0)93 180 56 14

Echte Hindu-Küche vermeidet Rindfleisch und ist generell eher vegetarisch orientiert. Das Himalaya schafft dies erstaunlich gut und erklärt neuen Gästen gern die verschiedenen Gerichte der Speisekarte. Die Inneneinrichtung könnte ein Update gut vertragen, doch lassen Sie sich davon nicht abschrecken.

5 Orte, um LATEINAMERIKANISCH zu essen

46 **HOJA SANTA**
Av. de Mistral 54
Sant Antoni ⑦
+34 (0)93 348 21 92
www.hojasanta.es

Die mexikanische Küche ist nicht gerade für dezente Geschmacksnoten bekannt, das Hoja Santa jedoch ein Beweis dafür, dass es auch anders geht. Die Speisekarte (mit Klassikern und kühnen Neuerungen) wurde vom mexikanischen Chefkoch Paco Méndez und dem katalanischen Superstar Albert Adrià (vgl. Nr. 13) kreiert. Das Restaurant gilt auch als Spezialist für *mezcal*, eine höherwertige Tequila-Variante, die Sie in ihrer Vielfalt und Intensität überraschen wird.

47 **GUANABARA**
Carrer del Consell de Cent 403
Eixample ⑨
+34 (0)93 265 51 12
www.guanabarabcn.com

Kaum irgendwo findet man besseres Fleisch als in diesem brasilianischen Restaurant. Das All-you-can-eat-Gourmetbuffet bietet eine Vielzahl von Salaten, mit Fleisch als Hauptakteur: Alle 5 Minuten kommt ein Kellner an den Tisch, um ausgewählte Stücke zu präsentieren. Eine Scheibe hiervon, oder eine davon? Lassen Sie sich zum Nachtisch auch die gelbe Maracujamousse (*mousse de maracujá*) nicht entgehen.

48 **RABIPELAO GRÀCIA**
Carrer del Torrent d'En Vidalet 22
Gràcia ⑪
+34 (0)93 182 50 35
www.elrabipelao.com

Über karibischen Cocktails und kleinen venezolanischen Häppchen vergisst man hier schnell die Zeit. Von 19–22 Uhr kann man draußen im Garten sitzen. Neben hausgebrautem Bier gibt es auch eine große Auswahl an Rumsorten.

49 **PUERTO PLATA**
Carrer del Tragí 1
Born ③
+34 (0)93 268 36 74

Ziegeneintopf mit Reis und Bohnen ist typisch für die Küche der Dominikanischen Republik. In Barcelona gibt es eine große dominikanische Community, die sich gern in diesem Restaurant trifft, ein gutes Zeichen. Das Interieur ist nicht designverdächtig, doch die freundliche Atmosphäre lässt dies schnell vergessen.

50 **AREPAMUNDI**
Carrer de N'Aglà 6
El Gòtic ②
+34 (0)93 250 25 06

Arepa, Fladenbrot aus Mais- oder Weizenmehl, ist ein Basic der venezolanischen und kolumbianischen Küche. Unterschiedlich belegt, konsumiert man es als herzhaftes, gar nicht mal so ungesundes Fast Food.

50 AREPAMUNDI

5 gute Lokale für den SCHMALEN GELDBEUTEL

51 **EL BIERZO A TOPE**
C/ de la Diputació 159
Eixample ⑨
+34 (0)93 453 70 45
www.elbierzoatope.es

Die Küche der autonomen Gemeinschaft Castilla y León ist bekannt für *guisos* (»Geschmortes«) und *asados* (»Gegrilltes«). Beides und noch vieles mehr gibt es in dieser beliebten Bar. Tolles Preis-Leistungs-Verhältnis.

52 **CAN PAIXANO: LA CHAMPANERIA**
Carrer de la Reina Cristina 7
Born ③
+34 (0)93 310 08 39
www.canpaixano.com

Paradoxerweise ist diese Tapas-Bar, deren Name den Begriff »Champagner« enthält, erstaunlich günstig. Das erklärt, warum sich die Gäste oft bis zur Decke stapeln, um sich Jamón Ibérico (luftgetrockneten Schinken), *queso semicurado* (milden katalanischen Schafskäse) und das »Tomatenbrot« *pan con tomate* schmecken zu lassen. Dazu gibt es auch ein Gläschen Cava. Im hinteren Bereich werden Schinken und Cava für den Hausverzehr verkauft.

53 **LAS FERNÁNDEZ**

C/ de les Carretes 11
Raval ①
+34 (0)93 443 20 43
www.lasfernandez.com

Kochtraditionen der Region León, besonders Räucherschinken, Wild und Würste. In dem ganz in Rot gehaltenen Restaurant isst man vor allem Fleisch. Das Las Fernández spielt mit Kitsch und kann sich dies voll und ganz erlauben. Lokal und Küche mit sehr viel Charakter.

54 **PICNIC**

Carrer del Comerç 1
Born ③
+34 (0)93 511 66 61
www.picnic-restaurant.com

Obwohl es noch gar nicht lang besteht, ist das Picnic schon ziemlich populär, besonders bei in diesem Viertel lebenden Ausländern. Die Küche, die mit Geschmacksvorlieben des amerikanischen Südens flirtet, serviert Köstlichkeiten wie gebratene grüne Tomaten oder Crab Cakes in einem wohnlichen Innenraum mit hohen Tischen und leiser Musikuntermalung. Größere Gesellschaften können sich im Untergeschoss ausbreiten, wo es einen riesigen Tisch für eine größere Gruppe gibt.

55 **BAR RAMÓN**

Carrer del Comte Borrell 81
Eixample ⑨
+34 (0)93 325 02 83
www.barramon.com

Eine typische *bar de toda la vida* (»Bar fürs ganze Leben«), also eine Art Alltagskneipe. Auf der Playlist stehen Jazz- und Bluesnummern, was besonders die Musiker der Stadt anzieht. Die Tapas sind katalanische Klassiker. Hier schaut man nicht einfach so vorbei: Reservieren Sie sich einen Tisch und kommen Sie etwas früher als angekündigt.

5 Restaurants für
FLEISCHESSER

56 **BARDENI-CALDENI**
C/ de València 454
Dret de l'Eixample ⑩
+34 (0)93 232 58 11
www.caldeni.com

Angeblich ist rotes Fleisch ungesund, ein Grund mehr, es nur in bester Qualität zu essen, wie im Caldeni. Auch wegen seines Chefkochs: Dani Lechuga erhielt die Titel »Jungkoch 2010« und »Chefkoch des Jahres 2011«. Sehr beliebt und etwas teurer als die anderen Restaurants dieser Liste.

57 **SUCULENT**
Rambla del Raval 43
Raval ①
+34 (0)93 443 65 79
www.suculent.com

Schwer zu finden: klassische, aber modern interpretierte Gerichte. Wir empfehlen als Vorspeise Kroketten aus Ochsenschwanz und Kräuter-Seitlingen, dann Eintopf aus Kalbsschwanz mit Babykarotten und Schokoladensauce. Oder Blutwurst mit gegrilltem Oktopus und Kichererbsen. Der Kellner berät bei der Auswahl des passenden Biers.

58 **PORK**
C/ del Consolat de Mar 15
Born ③
+34 (0)93 295 66 36
www.porkboigpertu.com

Schweinefleisch und sonst nichts. Möchten Sie ein ganzes Spanferkel oder lieber einen Rat, welches Stück vom Schwein – kulinarisch gesprochen – am besten zu Ihnen passt? Wenn wir eine Beilage empfehlen dürfen: Nehmen Sie das Kartoffelgratin!

59 **NEGRO CARBÓN**
Pla de Palau 16
Born ③
+34 (0)93 319 11 23
www.negrocarbon grill.com

Der Argentinier »Schwarze Kohle« ist spezialisiert auf gebratenes Fleisch und eines der wenigen Restaurants der Stadt mit echt argentinischem Grill (*parrilla*). Zwar gibt es auch gute Hamburger, doch halten Sie sich lieber an das, was man nur hier serviert.

60 **CAN XURRADES**
Carrer de Casanova 212
Eixample ⑨
+34 (0)93 218 73 70
www.canxurrades.com

Die spanische Rinderrasse Sayaguesa steht auf der Liste der gefährdeten Arten, weshalb man das köstliche, berühmte Fleisch nur selten probieren kann. Eines von wenigen Restaurants, wo dies möglich ist, ist das Can Xurrades unter Küchenchef Rafa Martinez. Ein Traum für jeden Fleischesser und völlig im Einklang mit dem Tierschutz, sodass man sich als Gast keinesfalls schuldig fühlen muss.

57 SUCULENT

5 alternative Tipps für ZÖLIATIKER

61 **COPASETIC**
C/ de la Diputació 55
Eixample ⑨
+34 (0)93 532 76 66
www.copaseticbarcelona.com

Das Copasetic bittet seine Gäste, dem Kellner vorab Allergien oder Lebensmittelunverträglichkeiten mitzuteilen – Basis jenes »völlig befriedigenden« Restauranterlebnisses, für das der Name des Lokals steht. Hier erhält man »Essen für die Seele« (Englisches Frühstück, Crêpes, Hamburger, Kuchen …) neben Cocktails, nach einfallsreich abgewandeltem klassischem Rezept. Lassen Sie sich einfach überraschen.

62 **CONESA**
C/ de la Llibreteria 1
El Gòtic ②
+34 (0)93 310 13 94
www.conesaentrepans.com

Man sollte eigentlich nicht annehmen, dass es ausgerechnet ein Sandwich-Shop auf eine Liste »zöliakaliefreundlicher« Lokale schafft, doch das äußerst beliebte Conesa (rechnen Sie mit Wartezeiten!) bietet eine ganze Reihe glutenfreier Optionen. Auch die Saucen dieser (warmen und kalten) Sandwiches sind garantiert frei von Klebereiweiß. Es stehen etwa 20 belegte Brote zur Auswahl, einige davon rein vegetarisch.

63 **MAMMAMIA**
Carrer de Pallars 230
Poblenou ⑤
+34 600 09 92 81

Die italienische Küche basiert vielfach auf Gluten, umso schöner, wenn sich ein italienisches Restaurant auch derer annimmt, die Klebereiweiß nicht vertragen. Das Mammamia serviert alle Nudelklassiker (Pomodoro, Carbonara oder Pesto) als glutenfreie Variante.

64 **LOLITA**
C/ de Tamarit 104
Sant Antoni ⑦
+34 (0)93 424 52 31
www.lolitataperia.com

Als der katalanische Star-Koch Albert Adrià (vgl. Nr. 13) seine Tapas-Bar verließ, benannte sein Partner Joan Martínez den Laden in Lolita um, um noch einmal von vorne anzufangen. Hier findet man vorzügliche Tapas, viele davon frei von Gluten. Wer Nabokovs Roman *Lolita* gelesen hat, wird den Namen des Lokals unangemessen finden (wie auch sein Logo mit flammend roten Lippen), doch über seine kulinarische Qualität lässt sich wirklich nicht streiten.

65 **LA LLUNA**
C/ de Santa Anna 20
El Gòtic ②
+34 (0)93 342 44 79
www.lalluna restaurant.com

Versteckt in einer von der Touristenstraße Carrer de Santa Anna abgehenden Gasse liegt das La Lluna, altmodisch von den steifen Kellnern bis zum malerischen Ambiente. Es serviert glutenfreie Gerichte, die Sie nicht so schnell vergessen, wie Ente, Entrecote, Kabeljau, Dorade oder Couscous-Salat … Dazu gibt es glutenfreies Brot. Abwechslungsreich und kreativ, sodass auch Feinschmecker mit Zöliakie voll auf ihre Kosten kommen.

5 beliebte Lokale für
VEGETARIER

66 **LES TRES A LA CUINA**
C/ de Sant Lluís 35
Gràcia ⑪
+34 (0)93 105 49 47
www.lestresalacuina.com

Das Restaurant, das eine Renovierung gebrauchen könnte, ist mittags eine gute Wahl. Oft stehen auch Fleischgerichte auf der Karte, doch immer Vegetarisches, kreative Suppen und Salate. Drei-Gänge-Menü: 10 Euro.

67 **SOPA**
C/ de Roc Boronat 114
Poblenou ⑤
+34 (0)93 309 56 76
www.sopabarcelona.com

Das helle, makrobiotisch angehauchte Restaurant für Vegetarier und Veganer serviert – wie sein Name verrät – hauptsächlich Suppen (aus Kürbis oder Süßkartoffeln), die ausnahmslos vegan sind. Das Mittagsangebot (10 Euro) umfasst Suppe, Salat und ein weiteres Gericht wie Eintopf aus Hirse, Gemüse und Linsen.

68 **FLORIPA**
Carrer d'Aribau 92
Eixample ⑨
+34 (0)93 011 13 89
www.floripa.es

Mexikanische Tacos, gefüllt mit Tofu, roten Zwiebeln, Koriander, Pico-de-Gallo-Sauce und frischer Ananas: nur eines der leckeren Gerichte auf der Karte der veganen Imbiss- und Cocktailbar. Beginnen Sie mit Zucchini-Spaghetti und finden Sie dann heraus, ob Sie dem »rohen« Käsekuchen widerstehen können.

69 **RESTAURANTE XAVIER PELLICER**

Carrer de Provença 310
Dret de l'Eixample ⑩
+34 (0)93 525 90 02
www.xavierpellicer.com

Seit Mai 2018 ist Xavier Pellicer stolzer Besitzer eines der »Besten Restaurants der Welt« – laut We're Smart Green Guide. Am besten probiert man seine sensationellen Kreationen, indem man sich eine Auswahl kleinerer Gerichte teilt. Die Einrichtung präsentiert sich stilvoll in minimalistisch-mediterranem Design.

70 **PAPPA SVEN**

C/ de Villarroel 22
Sant Antoni ⑦
+34 (0)93 292 82 39
www.pappasven.es

Umgeben von einer Mischung aus altem IKEA-Katalog und Puppenhaus, konzentriert man sich sofort aufs Essen. Das schwedische Restaurant serviert hervorragende Hering- und Lachsgerichte, schwedisches Bier und andere skandinavische Klassiker. Am Ende ist es nicht die Rechnung, die einen vom Hocker haut, sondern die hochprozentigen Schnäpse.

67 SOPA

5 nette Cafés für einen
TOLLEN BRUNCH

71 **BRUNCH & CAKE**
C/ Enric Granados 19
Eixample ⑨
+34 (0)93 200 28 72
www.brunchandcake.com

Der Brunch hier macht so viel Spaß, dass man sich gern an einem Samstag- oder Sonntagmorgen anstellt. Probieren Sie verschiedene Varianten von Eggs Benedict, Truthahn-Bagels oder Cronut mit Pulled Chicken. Zu mächtig? Dann vielleicht die »Superfood-Salate«. Auch die Kuchen sind verlockend. Inzwischen gibt es schon drei Ableger im Eixample, doch das Original-Café im Carrer Enric Granados ist immer noch das Beste.

72 **MARMALADE**
C/ de la Riera Alta 4
Raval ①
+34 (0)93 442 39 66
www.marmaladebarcelona.com

Eher hybrid im Inneren, gibt sich das Marmalade in seinem Zentrum betont cool, doch die Korridore an den Seiten mit ihren dunklen Holzvertäfelungen wirken schön altmodisch und klassisch, gleichermaßen glanzvoll und gemütlich. Ein toller Ort für ein Katerfrühstück, denn es gibt Brunch à la carte mit einer tollen Auswahl und leckere Cocktails. Einfach genießen ohne Reue.

73 **CARAVELLE**

Carrer del Pintor Fortuny 31
Raval ①
+34 (0)93 317 98 92
www.caravelle.es

Neben den herzhaften Klassikern, um den Kater zu bekämpfen, gibt es auch exotische Optionen: kubanisches Sandwich mit langsam gegartem Schweinebauch, Schinken, Käse, Senf und (selbst eingelegten) Pickles; oder Tacos mit knusprig gebratenem Fisch, Räucherfleisch, zartem Beef, Grillhähnchen oder Trüffel. Und französischen Kokostoast mit frischen Erdbeeren und Eis, um das Ganze abzurunden.

74 **BING BING CAFÉ**

Ronda Sant Pere 23
Eixample ⑨
+34 (0)93 541 59 87
www.bingbingcafe.com

Bingsu, das das Bing Bing Café als Erstes in Spanien anbietet, bezeichnet ein koreanisches Dessert aus gecrushtem Wassereis, garniert mit frischen Früchten, Kondensmilch, Fruchtsirup, Schokolade, Matcha-Teepulver, Kuchenstücken u. Ä. Daneben gibt es leckere Bagels und hervorragende Salate. Auch die Kuchen sind asiatisch inspiriert.

75 **TRÓPICO**

Carrer del Marquès de Barberà 24
Raval ①
+34 (0)93 667 75 52
www.tropicobcn.com

Das Raval-Viertel, wo neue trendige Läden aus dem Boden schießen, konnte sich dennoch bislang eine authentische Atmosphäre bewahren. Ein Beispiel ist das Trópico: Es serviert »tropische« Spezialitäten wie *patacones* (Kochbananen) mit *Hogao*-Sauce, Wasserkresse, Käse und Avocado; oder Ceviche aus rohem Wolfsbarsch, mariniert in »Tigermilch«, mit gelben Chilis, Süßkartoffeln und Mais. Ob Fleischliebhaber oder Vegetarier, das Trópico wird Sie überraschen.

5 Tipps für ein
GUTES *und* GÜNSTIGES MITTAGESSEN

76 **MALAYSIA EXPRESS HALAL**
Pg. de Sant Joan 179
Gràcia ⑪
+34 (0)93 855 27 68
www.malaysiabcn.com/

Alle, die sich statt Tapas nach etwas Scharfem aus Südostasien sehnen, sind im Malaysia Express richtig (etwa 10 Euro für ein Nudelgericht und Salat zum Mitnehmen). Für 3,50 Euro gibt es das einzige Dessert: *Sagu gula melaka* (Tapioka mit Kokosmilch) als willkommene Erfrischung nach einer höllisch scharfen Mahlzeit.

77 **CENT FOCS**
Carrer de Balmes 16
Dret de l'Eixample ⑩
+34 (0)93 412 00 95
www.centfocs.com

Das geräumige Restaurant, nur einen Katzensprung von der Plaça Catalunya entfernt, ist eine Institution in Barcelona. Neben der (teureren!) Abendkarte ist das Mittagsmenü (12,35 Euro) in puncto Preis-Leistung kaum zu schlagen.

78 **CASA JAIME**
Carrer del Consell de Cent 222
Eixample ⑨
+34 (0)93 189 32 22
www.casajaime.rest

Im Ambiente eines lässigen Vintage-Ladens mit einer Auswahl an katalanischen und spanischen Klassikern ist dies der ideale Zwischenstopp am Mittag, um das Eixample zu erkunden. Besonders aufmerksamer Service.

79 EL CASAL

Plaça de Víctor Balaguer 5
Born ③
+34 (0)93 268 40 04
www.elcasalcafe.com

Das von einem Franzosen geführte Restaurant (2 Gehminuten von der Kirche Santa María del Mar) präsentiert sich herrlich vielseitig und dynamisch. Sandwiches und Mittagsangebote, die täglich wechseln, verarbeiten kulinarische Einflüsse aus der ganzen Welt. Und das alles zu einem ausnehmend guten Preis.

80 LA RITA

Carrer d'Aragó 279
Dret de l'Eixample ⑩
+34 (0)93 487 23 76
www.grupandilana.com

Eines jener Restaurants, die schicker aussehen, als sie wirklich sind. Und ähnlich wie im Cent Focs offenbart sich das Mittagsmenü (3 Gänge; 11,50 Euro) als echtes Schnäppchen. Tolle Qualität und superschneller Service.

79 EL CASAL

5 gute Locations
RUND UM DIE RAMBLAS

81 **BAR LOBO**
Carrer del Pintor Fortuny 3
Raval ①
+34 (0)93 481 53 46

Ein angenehmer Glanz liegt über diesem Restaurant mit großer Fensterfront. Sie können entweder draußen sitzen neben einem Regal mit frischen Kräutern oder drinnen auf zwei Stockwerken mit Blick auf einen kleinen, lebhaften Platz.

82 **EL GRAN CAFÉ**
Carrer d'Avinyó 9
El Gòtic ②
+34 (0)93 318 79 86
www.restaurantelgrancafe.com

Glänzende Holzoberflächen und altmodisches Furnier wecken beim Gast Erwartungen und das Vertrauen auf eine garantiert schmackhafte, traditionell katalanische Küche – und genau dies löst das El Gran Café auch tatsächlich ein.

83 **LES QUINZE NITS**
Plaça Reial 6
El Gòtic ②
+34 (0)93 317 30 75
www.grupandilana.com

Das Les Quinze Nits, Teil einer Restaurantkette, kombiniert geschickt ein stylishes Ambiente mit anspruchsvoller Küche zu einem fairen Preis. Besonders hervorzuheben ist der Fisch, etwa gegrillter Thunfisch oder Kabeljau mit Aïoli (katalanische Mayonnaise mit jeder Menge Knoblauch).

84 **LA CREMA CANELA**
Passatge de Madoz 6
El Gòtic ②
+34 (0)93 318 27 44
www.grupandilana.com

Der Name des Lokals derselben Kette wie das Les Quinze Nits bedeutet Zimt (*canela*). Seine Köche verwenden auch andere Gewürze, so wie bei den Lachs-Fagotti mit frischer Kräutersauce oder Salaten mit Frischkäse, Bacon und Basilikumvinaigrette. Ein gemütliches Lokal nahe der Plaça Reial (Nr. 296), wo sich die Nachtclubs konzentrieren.

85 **MARGARITA BLUE**
Carrer de Josep Anselm Clavé 6
El Gòtic ②
+34 (0)93 412 54 89
www.margaritablue.com

Eine gute Wahl für Tex-Mex-Gerichte: gebratene grüne Tomaten, *fajitas* und *enchiladas*, einige auch als kalorienarme Variante. Hierher kommt man nicht nur zum Essen: Aus gutem Grund ist ein Cocktail Namenspate und Basis einer geselligen Atmosphäre.

81 BAR LOBO

5 unwiderstehliche Läden für
BACK- und SÜSSWAREN

86 **HOFMANN**
C/ del Flassaders 44
Born ③
+34 (0)93 268 82 21
www.hofmann-bcn.com/pasteleria

Das Hofmann ist Profi-Kochschule, Restaurant und Patisserie. Hier findet man leckere Croissants mit diversen Füllungen und wirklich hübsche Torten. Sollten Sie den Laden um die Oster- oder Weihnachtszeit besuchen, achten Sie auf die Schoko-Dekoration im Schaufenster.

87 **LA PASTISSERIA**
Carrer d'Aragó 228
Eixample ⑨
+34 (0)93 451 84 01
www.lapastisseriabarcelona.com

Noch keine 30 Jahre, wurde Josep Maria Rodriguez bereits zum »Konditor-Weltmeister« gekürt. Seine Kreationen sind atemberaubend: hochwertige Zutaten in neuen, erstaunlichen Formen – zu schön, um sie aufzuessen. Im Laden auch erhältlich: sein Buch *Sweetology*.

88 **BALUARD**
Carrer del Baluard 38
Barceloneta ④
+34 (0)93 221 12 08
www.baluardbarceloneta.com

Drei Generationen lang überdauerte traditionelles Backhandwerk (unter Benutzung eines Holzofens) hier die Zeiten – als Graue Eminenz örtlicher Bäckereien. Allein die Fruchttörtchen lohnen den Besuch, und auch dem Brot können Sie wahrscheinlich kaum widerstehen.

86 HOFMANN

89 **FORN MISTRAL**

Ronda de Sant Antoni 96
Sant Antoni ⑦
+34 (0)93 301 80 37
www.fornmistral.com

Ensaïmada, ein Gebäck, das eigentlich aus Mallorca stammt, wird in Barcelona nicht weniger gern gegessen als Croissants. Es besteht aus gezuckertem fermentiertem Teig, der schneckenförmig zu Spiralen gewickelt wird, sowie einer »magischen« Zutat: *saïm* (katalanisch: Schmalz), dem Schlachtfett von Schweinen oder Gänsen. Auch wenn das unappetitlich klingen mag, sollten Sie *ensaïmada* unbedingt probieren: Die Bäckerei Mistral ist dafür in Barcelona mit Abstand die beste Adresse.

90 **LA COLMENA**

Plaça de l'Angel 12
El Gòtic ②
+34 (0)93 315 13 56
www.pastisseria lacolmena.com

Nicht weit von der Metro-Station Jaume I liegt das La Colmena buchstäblich auf der Lauer und wartet auf sein nächstes »Opfer«, das sich bereitwillig von den Meringue-Stapeln im Schaufenster ins Innere locken lässt. Wie der Laden selbst mit schöner historischer Fassade wirken auch die süßen Backwaren traditionell und anheimelnd »wie bei Muttern«. Brot wird hier nicht verkauft, ausschließlich kariesfördernde Leckereien.

70 ORTE ZUM TRINKEN UND FEIERN

5 CAFÉBARS, *die Baristas lieben*

91 **CAFÉS EL MAGNÍFICO**
C/ de l'Argenteria 64
Born ③
+34 (0)93 319 39 75
www.cafeselmagnifico.com

Frisch gemahlene Kaffeebohnen, professionelle Beratung und (wenn es Ihnen bis nach Hause zu lange dauert) einen Kaffee zum Mitnehmen, gebraut von einem kundigen Barista: Das El Magnífico ist der Experte im Kaffeegeschäft. Falls Sie lieber Tee mögen – auch den serviert man hier. Und die großen Kekse, die verführerisch nah am Tresen liegen, sind ein absolutes Muss.

92 **SATAN'S COFFEE CORNER**
C/ de l'Arc de Sant Ramón del Call 11
El Gòtic ②
+34 666 22 25 99
www.satanscoffee.com

Bei der Espressomaschine wurde das Gehäuse entfernt, sodass man ins Innere sehen kann. Ein Wink mit dem Zaunpfahl: Bei Satan's Coffee Corner geht es vor allem um den Inhalt und nicht um aufwendige Verpackung. Frühstücks- und Mittagsgerichte sind mit Sorgfalt auf die verschiedenen Kaffeesorten abgestimmt. Hier findet man auch eine interessante Zeitschriftenauswahl zum Kauf.

93 **CAELUM**

Carrer de la Palla 8
El Gòtic ②
+34 (0)93 302 69 93

Zu Gebäck und Plätzchen aus katalanischen Klöstern gibt es hier den passenden Schuss Koffein. Wer dann noch nicht in den Himmel (*caelum*) aufgestiegen ist, kann eine Auswahl aus diversen Likören treffen und sich auf dem Weg nach draußen ein Glas selbst gemachter Konfitüre mitnehmen.

94 **MESÓN DEL CAFÉ 1909**

C/ de la Llibreteria 16
El Gòtic ②
+34 (0)93 315 07 54

Wo viele Kaffeebars möglichst cool rüberkommen wollen, wählt man hier den Weg der Nostalgie: Die Inneneinrichtung blieb seit 1909 fast unverändert, der Kaffeeautomat gilt als ältester der Stadt. Assoziationen mit einer deutschen Kneipe drängen sich auf, doch wenn Sie einmal den Kulturschock überwunden haben, merken Sie, wie abgefahren gut hier der Kaffee schmeckt.

95 **SYRA COFFEE**

Carrer de la Mare de Déu dels Desemparats 8
Gràcia ⑪
+34 666 72 07 43
www.syra.coffee

Beim Besuch des Gràcia-Viertels sollten Sie eine Stippvisite in dieser Cafébar einplanen. Ausgezeichneter Kaffee in traditionellen Formaten – ganz ohne Starbucks-Allüren. Wenn Sie einen Coffee-to-Go bestellen, nehmen Sie am besten auch einen Dulce-de-Leche-Keks auf die Hand mit – und eine Ausgabe von *Syrazine*, der alle zwei Monate erscheinenden Fanzeitung von Syra Coffee mit interessanten Fakten zum Thema Kaffee und Zeichnungen lokaler Künstler.

5 WEINBARS,
die man ungern wieder verlässt

96 **BAR BRUTAL**
Carrer de la Barra de Ferro 1
Born ③
+34 (0)93 295 47 97
www.cancisa.cat

Diese zweiteilige Location gehört angeblich auf jede Barcelona-»Bucket-List«. Sie besteht aus dem Can Cisa, einem höhlenartigen Weingeschäft in Erdfarben (Eingang: Carrer de la Princesa 14), sowie der gleichermaßen nüchternen, etwas fremdländisch wirkenden eigentlichen Bar Brutal. Das Unternehmen ist spezialisiert auf ökologisch angebaute und biodynamische Weine.

97 **BAR ZIM**
C/ de la Dagueria 20
El Gòtic ②
+34 (0)93 412 65 48

In dieser feinen, winzigen Bar genießt man ein gutes Gläschen Wein (fachkundig serviert ohne vornehmes Getue), dazu vielleicht einen *peton* (katalanisch »Kuss«): eine kleine Tapa aus Käse und Marmelade. Die Bar besitzt eine Terrasse um die Ecke auf der Plaça de Sant Just.

98 MONVÍNIC

C/ de la Diputació 249
Dret de l'Eixample ⑩
+34 (0)93 272 61 87
www.monvinic.com

Das Monvínic versucht, mehr zu sein als Weinbar und Restaurant: ein Zentrum für Weinkultur. Hier gibt es neben der hauseigenen kleinen Bibliothek eine riesige Bodega mit internationalen Weinen. Der Weinautor Jay McInnery kam und verliebte sich sofort: »Ich war noch nicht in jeder Weinbar dieser Welt, doch das Monvínic in Barcelona ist sicher die beste, die ich in letzter Zeit besuchte.« (*The Wall Street Journal*)

99 ZONA D'OMBRA

Carrer de Sant Domènec del Coll 12
El Gòtic ②
+34 (0)93 500 58 02
www.zonadombra.es

Das Zona d'Ombra zeigt sich inspiriert von italienischen Enotecas, weshalb man hier auf der Karte besonders viele italienische Tropfen findet. Doch kein Grund zur Klage: Die Auswahl ist ausgezeichnet. Als Bonus gibt es eine Terrasse auf einem kleinen Platz, versteckt im Labyrinth des Gotischen Viertels.

100 LA VINYA DEL SENYOR

Plaça de Santa Maria 5
Born ③
+34 (0)93 310 33 79

Touristenattraktionen ziehen oft billige Bars und Restaurants von zweifelhafter Qualität an, ganz anders diese solide Weinbar direkt an der Kirche Santa Maria del Mar (Nr. 265). Seien Sie nicht frustriert, wenn die Terrasse (wie meistens) voll ist, drinnen ist es mindestens genauso nett. Wenn Sie sich beim Verlassen der Bar nach links wenden, befinden Sie sich im Carrer de l'Anisadeta, der kürzesten Straße Barcelonas.

5 tolle Bars, in denen man LOCALS TRIFFT

101 **BAR PIETRO**
Travessera de Gràcia 197
Gràcia ⑪
+34 697 27 08 22

Jedes Viertel Barcelonas besitzt einen eigenen Markt; der bekannteste ist natürlich die Markthalle La Boqueria in Raval (Nr. 239). Die Bar Pietro liegt ganz in der Nähe des Zentralmarkts Mercat de l'Abaceria in Gràcia. Hier kehrt man ein zu einem schnellen Drink oder Kaffee nach dem Einkauf. Das Bier ist günstig und das Germinal-Sandwich (Schinken, Brie, Tomatenmarmelade) ein echter Leckerbissen.

102 **MADAME JASMINE**
Rambla del Raval 22
Raval ①
+34 630 10 86 80

Es geht kaum schräger als im Madame Jasmine: burgunderfarbenes Licht, kitschige Deko, altmodische Pornobilder hinter dem Tresen, verstörende Fotos auf der Toilette … Kurz: eine Mischung aus David Lynch und Pedro Almodóvar. Und doch auch eine äußerst gemütliche Location, wo man einen wirklich tollen Mojito serviert bekommt.

103 CAT BAR

Carrer de la Bòria 17
Born ③
+34 693 584 700
www.catbarcat.com

Spiegel in Form von Katzenaugen an den Wänden, Zeichnungen von Menschen mit Tierköpfen … Die Cat Bar ist ein gutes Beispiel dafür, wie man ein winziges Lokal in etwas Besonders verwandeln kann. Hier gibt es eine tolle Auswahl katalanischer Craft-Biere: das ganze Spektrum zwischen Blond, Schwarz und Bitter; dazu auch noch vegane Snacks. Ein erstaunlich dauerhafter, beliebter Treffpunkt im Touristenviertel Born, wo ständig neue Bars kommen und gehen.

104 ABSENTA 1893

Carrer de l'Hospital 75
Raval ①
+34 (0)93 270 35 64

Hier gibt es (auch) Absinth (*absenta*) zu trinken, doch verschwenden Sie damit nicht Ihre Zeit. Viel wichtiger ist: Hier kann man dem Einerlei der Touristenbars entkommen und günstig einen Drink bestellen, umgeben von Einheimischen aus den umliegenden Büros. Da es in der Nachbarschaft weitere Bars mit dem Namen »Absenta« gibt, achten Sie auf den Zusatz »1893«.

105 GUIXOT

Carrer de la Riereta 8
Raval ①
+34 (0)93 329 95 53
www.guixot.cat

Das Guixot ist Spezialist für leckere Sandwiches und Crêpes. Die Inneneinrichtung wirkt äußerst spartanisch, doch wenigstens ist es nicht eines der Lokale, wo sie besser ist als das Speisenangebot. Hier gibt es (neben vielem anderem) ein ausgezeichnetes September-Sandwich: mit Aubergine, Zucchini, Zwiebeln, Brie und Huhn.

5 *Locations für* TOLLE COCKTAILS *und mehr*

106 **PARADISO**
C/ de Rera Palau 4
Born ③
+34 (0)93 360 72 22
www.paradiso.cat

Nicht ohne Grund wurde das Paradiso 2016 zur besten Cocktailbar der Stadt gekürt: Vom prächtigen und doch gemütlichen Interieur über die exquisiten, kreativ präsentierten Cocktails bis zu den Pastrami-Sandwiches auf der Karte wirkt es nahezu perfekt. Persönlicher Favorit: der Whisky-Cocktail »Great Gatsby«.

107 **BALIUS BAR**
C/ de Pujades 196
Poblenou ⑤
+34 (0)93 315 86 50
www.baliusbar.com

Cocktailbars wirken oft snobistisch. Die Balius Bar dagegen wirkt eher wie ein Nachbarschaftstreff im schicken ehemaligen Arbeiterviertel Poblenou. Die Eckfassade ist ein Foto-Klassiker.

108 **BETTY FORD'S**
Carrer de Joaquín Costa 56
Raval ①
+34 (0)93 304 13 68

Diese ironisch benannte Cocktailbar serviert ausgezeichnete Drinks und gehaltvolle Hamburger. Während alte Filme laufen, versucht man sich gegen den allgemeinen Lärm zu unterhalten. Spazieren Sie zuvor den Carrer de Joaquín Costa entlang mit seinen Cocktailbars, Halal-Metzgern, Hipster-Kneipen und Waschsalons.

109 SPEAKEASY / DRY MARTINI

Carrer d'Aribau 162
Eixample ⑨
+34 (0)93 217 50 80
www.drymartiniorg.com/locales/speakeasy/

In die Cocktailbar Dry Martini gelangen Sie gleich vorne durch die Eingangstür; um das Restaurant Speakeasy zu erreichen, müssen Sie ein Stück weitergehen, vorbei an der Küche! Im Jahr 2015 erschien das Dry Martini als einzige spanische Bar auf der Liste »Die 50 besten Bars der Welt«. Die Jury urteilte damals: »Alles (…) wurde sorgfältig geprüft, vom Ambiente – mit dem smarten Team in weißen Jacken, das die Bar betreut (…), und der erlesenen Sammlung von Kunstwerken an der Wand – bis hin zur allgemeinen Stimmung dank gut ausgewählter Hintergrundmusik und eines vorbildlichen Service.«

110 OLD FASHIONED

C/ de Santa Teresa 1
Gràcia ⑪
+34 (0)93 368 52 77

Ironischerweise ist der Old Fashioned, den man in der gleichnamigen Bar serviert, nicht einmal so »altmodisch«. Werbegenie Don Drapers Lieblingsdrink (normalerweise Whisky, Zucker und Zitronenschale) kommt hier mit gerösteten Nüssen und wurde auf »Fashionista« umgetauft. Bei Weitem nicht der einzige erstklassige »Autorencocktail« auf der Getränkekarte.

Die 5 besten

STRANDBARS

111 **EL PACÍFICO**
C/ de la Vila Joiosa 52
Barceloneta ④
+34 (0)93 225 71 64
www.elpacifico.es

Je näher das Wasser, desto teurer die Lokale, die es oft nicht wert sind. Eine Faustregel: Suchen Sie sich lieber eine Bar in den Straßen Barcelonetas als direkt am Strand, wie das El Pacífico: Strandblick, cooles, angenehmes Interieur sowie erstklassige Weine und Cocktails.

112 **MAMAROSA BEACH**
Passeig del Mare Nostrum 19–21
Barceloneta ④
+34 (0)93 312 35 86
www.mamarosabeach.com

Sie werden nichts Nobleres finden als die Bar im Erdgeschoss des Hotel W Barcelona (Nr. 433), das den Strand zur Seite abschließt. Von dort reicht der Blick bis zu Frank O. Gehrys El Peix (Nr. 301). Das Mamarosa Beach serviert Nudelgerichte, Pizza und italienische Klassiker, oder man hält sich an einem Getränk fest.

113 **SANTA MARTA**
C/ de Grau i Torras 59
Barceloneta ④
+34 691 23 68 02

Neben Gerichten aus der Heimat des italienischen Inhabers (wie Pizza, Piadina) gibt es gute Cocktails – sowohl was Auswahl wie Atmosphäre anbelangt. Und trotz kitschig-bunten Interieurs und lauter Popmusik kann man hier bei einem Aperitif erstaunlich gut entspannen.

114 AROLA

IM HOTEL ARTS

Carrer de la Marina 19
Barceloneta ④
+34 (0)93 221 10 00
www.arola-arts.com

Das Arola im Hotel Arts (Nr. 432) ist weithin bekannt als Spitzenrestaurant, beherbergt jedoch zugleich eine der luxuriösesten Cocktailbars der Stadt. Genießen Sie die leckeren Kreationen des Meister-Mixologen Diego drinnen in der schicken Bar oder draußen auf der stylishen Terrasse mit Blick aufs Mittelmeer, während einheimische DJs ihre Sets spielen.

115 VASO DE ORO

Carrer de Balboa 6
Barceloneta ④
+34 (0)93 319 30 98
www.vasodeoro.com

Fünf Minuten vom Strand entfernt liegt diese nette kleine Bar mit einer guten Auswahl an Bieren. Dazu gibt es klassische Tapas ohne viel Schnickschnack. Ein geselliges Lokal, wo man gerne mal ein wenig länger bleibt.

113 SANTA MARTA

5 *angesagte* HIPSTER-BARS

116 **THE BIKE CLUB**
Carrer de Sepúlveda 6
Sant Antoni ⑦
+34 (0)93 179 13 71
www.thebikeclub.es

Hier werden Fahrräder zur Erkundung der Stadt vermietet. Wenn Sie keine Lust mehr haben (oder auf die Schnellreparatur des Fahrrads warten), können Sie eine Tasse Kaffee oder frisch gepressten Saft bestellen und bei koreanisch inspirierten Tacos und mexikanischen Burritos neue Kraft tanken.

117 **COSMO**
C/ Enric Granados 3
Eixample ⑨
+34 (0)93 105 79 92
www.galeriacosmo.com

Hinten eine Galerie für junge Künstler, vorne ein Café, das Salate, frisch gepresste Säfte und leckeren Kuchen serviert. Und überall junges Volk, bewaffnet mit Notebooks und Smartphones.

118 **METRIC MARKET**
Av. Diagonal 505
Eixample ⑨
+34 (0)93 419 31 91
www.metric-market.com

Eine Auswahl von Fruchtsäften zum Frühstück, preiswerte Mittagsgerichte (viele auch glutenfrei), Cocktails am Abend sowie nachts Konzerte und DJ-Sets: Das Metric Market bietet ein Rundum-Paket. Seine Küche mit mediterranen und asiatischen Einflüssen ist eklektisch, die Stimmung elektrisierend.

119 BAR CALDERS

C/ del Parlament 25
Sant Antoni ⑦
+34 (0)93 329 93 49

Die kleine Bar mit hohen Decken wirkt innen typisch katalanisch, im farbenprächtigen Patio fühlt man sich nach Südspanien versetzt. Bestellen Sie eine Schale frisch zubereiteten Hummus und ein Gläschen Wermut oder eine Pizza. (Pere) Calders war übrigens ein katalanischer Schriftsteller (1912–1994).

120 FORNS CAFETERIES MARTÍ

Carrer de Roger de Lluria 51
Dret de l'Eixample ⑩
+34 (0)93 488 35 48

Wenn Sie geschäftlich in der Stadt sind und Ihre Kollegen/Kunden nicht in ein formelles, teures Restaurant einladen möchten, ist diese Bäckerei-Café-Snackbar eine gute Lösung: außen stilvoll und innen gemütlich. Und der Duft nach frisch Gebackenem ist einfach verführerisch.

116 THE BIKE CLUB

5 *fröhliche* GAY BARS

121 **EL CANGREJO**
C/ de Villarroel 88
Eixample ⑨

Schrille Einrichtung mit rotem Licht, spanische Popmusik und gelegentlich eine Dragqueen-Performance: Das Cangrejo (Hummer) ist jene Art von Schwulenbar, wie man sie aus Filmen kennt. Und tatsächlich: Man hat hier genauso viel Spaß wie dort. Besonders beliebt bei jungen Gästen.

122 **MUSEUM BAR**
C/ de Sepúlveda 178
Sant Antoni ⑦
+34 (0)93 325 18 31

Zwei Tresen, Kunstreproduktionen überall und jede Menge Bildschirme, auf denen passende Musikvideos zur Hintergrundmusik laufen. Die Museum Bar ist ein beliebter Treffpunkt für Männer, die gern ins Fitnessstudio gehen, aber auch für größere Freundesgruppen, die einfach gern das Tanzbein schwingen. Am Wochenende zwischen 1 Uhr und 3 Uhr ist der Laden rappelvoll.

123 SKY BAR

IM AXEL HOTEL

Carrer Aribau 33
Eixample ⑨
+34 (0)93 323 93 93
www.axelhotels.com/hoteles/barcelona

Das Axel Hotel ist das führende Haus in Barcelona für die Gay Community. Natürlich durfte auch eine coole Cocktailbar auf dem Dach nicht fehlen: ein bisschen formeller als die meisten einschlägigen Locations, aber dennoch recht relaxt. Und dazu ein toller Blick über das Eixample-Viertel.

124 ZELIG

Carrer del Carme 116
Raval ①
+34 (0)93 125 01 35
www.zelig-barcelona.com

Die freundlichste Gay-Bar der Stadt, deren Team man immer gerne zuschaut. Neben den üblichen Drinks gibt es auch ein paar Eigenkreationen (darunter die auf Wodka basierende »Swedish Bitch«). Tagsüber werden hier auch Mahlzeiten serviert, besonders italienische Gerichte. Und auf dem gegenüberliegenden Platz gibt es eine Terrasse.

125 VERSAILLES

Passatge Valeri Serra 3
Eixample ⑨
+34 (0)93 454 61 72

Das barock wirkende Dekor erinnert an das Innere eines Schmuckkästchens, sodass diese Bar ihren bombastischen Namen sicherlich nicht ganz zu Unrecht trägt. Ein ruhiger, angenehmer Ort, um einen Drink zu schlürfen und sich angeregt zu unterhalten.

5 originelle
CONCEPT-BARS

126 **CASSETTE BAR**
Carrer de l'Est 11
Raval ①
+34 (0)93 302 85 09

Leuchten aus ausgedienten Tonbändern und Kassetten, Etch-a-Sketch-Zaubertafeln und jede Menge Plastikzeug, das früher (in den 1980ern) den Leuten einmal wichtig war. Die Cassette Bar ist eine der auffälligsten in Barcelona mit Musik aus der eher alternativen Ecke der 1980er- und 1990er-Jahre.

127 **FÀBRICA MORITZ**
Ronda de Sant Antoni 39–41
Sant Antoni ⑦
+34 (0)93 426 00 50
www.moritz.com

Die Restaurierung der ehemaligen Brauerei der katalanischen Biermarke Moritz zu einem schicken Bar-Restaurant-Bistro mit Bäckerei und Buchgeschäft wurde von dem berühmten Architekten Jean Nouvel verantwortet. Den Gründern gelang es mit dem Umbau, einen der coolsten gastronomischen Bereiche der Stadt zu schaffen, der mit zahlreichen Türen und kleinen Nischen einen ganz eigenen Mini-Kosmos bildet. Schauen Sie sich gründlich um, hier gibt es mehr zu entdecken, als man auf den ersten Blick vermutet.

128 **BHARMA**

Carrer de Pere IV 93
Poblenou ⑤
+34 (0)93 667 09 13

Erinnern Sie sich an die Zeit, als Serien-Junkies hofften, der Plot des US-Dauerbrenners *Lost* (2004–2010) würde sich am Ende sinnvoll auflösen? Die Serie wurde mit der Bharma-Bar zu neuem Leben erweckt. Tolles Essen zur Mittagszeit, entspannte Atmosphäre am Abend. *Lost*-Fans begegnen hier bekannten Motiven: dem abgestürzten Flugzeug der Oceanic Airline, der rätselhaften Zahlenfolge, den Höhlen, dem Logo der Dharma-Initiative …

129 **EL NACIONAL**

Pg. de Gràcia 24bis
Dret de l'Eixample ⑩
+34 (0)93 518 50 53
www.elnacionalbcn.com

Das El Nacional ist keine Einzelbar, sondern ein Zusammenschluss gastronomischer Betriebe. Sie teilen sich einen gemeinsamen Bereich, der noch vor Kurzem ein verlassener Parkplatz war. Die Restauranthalle ist edel und ziemlich teuer, doch ihr Besuch ein Muss, schon um einen Blick auf die verschiedenen Designs der Bars zu werfen. In der kleinen, von El Nacional herausgegebenen Zeitung erfahren Sie alles über die Hintergründe.

130 **PATCHWORK CONCEPT BAR**

Av. del Paral·lel 98
Poble Sec/Montjuïc ⑥
+34 (0)93 250 48 29

Ein beliebter Neuling auf dem Gastro-Parkett ist die hübsch designte Kaffeebar mit Terrasse, die leckere Bagels serviert (teils mit selbst gemachtem Pesto). Viel Schwarz und Leuchten an der Decke, die man eigentlich von Schreibtischen kennt.

Die 5
ÄLTESTEN LOKALE
der Stadt

131 **ELS 4 GATS**
Carrer de Montsió 3
El Gòtic ②
+34 (0)93 302 41 40
www.4gats.com

In Anlehnung an das französische Cabaret Le Chat Noir wurde das Els 4 Gats zum Treffpunkt der lokalen Künstler- und Intellektuellenszene, mit dem Ziel, Körper und Geist zu nähren. Eine Weile gab man sogar eine eigene Zeitschrift heraus. Das Innere verbindet traditionelle katalanische Tavernen-Elemente mit künstlerischem Anspruch. Interieur und Mobiliar verleihen ihm einen fast mittelalterlichen Touch.

132 **LONDON BAR**
Carrer Nou de la Rambla 34
Raval ①
+34 (0)93 318 52 61

Seit 1910 Anlaufpunkt für Berühmtheiten wie Dalí, Picasso oder Hemingway, hat die London Bar ihr Interieur über die Jahrzehnte kaum verändert – eine Art »verblasstes Art déco« der liebenswerten Art. Hier finden regelmäßig kleinere Konzerte statt. Wenn Sie also am Morgen hier ganz klassisch die erste Tasse Kaffee getrunken haben, kommen Sie am Abend einfach noch einmal wieder.

132 **LONDON BAR**

133 CAFÉ DE L'OPERA

Les Rambles 74
Raval ①
+34 (0)93 317 75 85
www.cafeoperabcn.com

Das Café de l'Opera entstand schon vor 1831 als Chocolateria (Schokoladen-Café), wurde später Restaurant und besitzt sein derzeitiges Aussehen bereits seit 1929. Innen wirkt es ein wenig wie eine Bühne, auf der man jeden Augenblick den ganz großen Auftritt erwartet; die Spiegel zeigen Ätzungen anmutiger weiblicher Figuren – ein herrlich altmodisches Lokal.

134 LA CONFITERÍA

C/ de Sant Pau 128
Sant Antoni ⑦
+34 (0)93 140 54 35
confiteria.cat

Warum gibt man einer Bar den Namen »Das Süßwarengeschäft«? Weil sie genau das früher einmal war. Die Originaleinrichtung aus der Zeit des Jugendstils hat sich bis heute erhalten, samt Schaufenstern und Glasvitrinen. Ein Hauch Paris mit einem Touch Geschichte – und unbedingt einen Besuch wert.

135 CAN CULLERETES

C/ d'en Quintana 5
El Gòtic ②
+34 (0)93 317 30 22
www.culleretes.com

Laut *Guinnessbuch der Rekorde* ist das Can Culleretes (gegründet 1786) das älteste Bar-Restaurant von Katalonien (und zweitältestes von Spanien). In seinen »Salons« herrscht familiäre Atmosphäre, die Malereien an den Wänden zeigen Spanier des 19. Jahrhunderts bei verschiedenen Freizeitvergnügen.

5 *großartige Adressen*
ZUM ENTSPANNEN

136 **BITTE**
Carrer de Londres 87
Eixample ⑨
+34 (0)93 667 08 40
www.bittebcn.blogspot.com

Wo lassen sich die vielen Eindrücke Barcelonas in aller Ruhe verarbeiten? Die schön eingerichtete Bitte Bar mit eigenem Botanischem Garten serviert überraschende, internationale Mittagsmahlzeiten. Auch Studenten kommen gern hierher, konzentriert auf ihre Arbeit.

137 **THE HIDEOUT BAR**
Carrer de l'Alzina 13
Gràcia ⑪
+34 (0)93 105 21 83

Das Hideout an einem kleinen, versteckten Platz im Gràcia-Viertel ist einer jener Orte, wo man nur etwas trinken wollte, dann aber den ganzen Nachmittag (und Abend) hängen bleibt. Mit schrägen Vintage-Teilen aufgemöbelt, serviert es ein paar tolle Snacks.

138 **LA PRINCIPAL**
C/ de Sepúlveda 186
Sant Antoni ⑦
+34 (0)93 325 30 89

Hier gibt es leckeren Salat, doch eigentlich besucht man das La Principal wegen seiner Atmosphäre. Eine gute Wahl für den ersten Drink des Abends (bevor man sich ins Nachtleben von Eixample oder Raval stürzt), oder um den Sonntagnachmittag auf der Terrasse zu verbummeln. Die Toilette oben besser meiden!

139 OVAL

C/ de València 199
Eixample ⑨
+34 (0)93 010 26 47
www.ovalbcn.com

Eine regelrechte Gourmet-Burger-Welle schwappte jüngst über Barcelona. Der Trend hat sich verlangsamt, doch die besten Burger-Joints gibt es noch immer. Im Oval können die Gäste nach Wunsch Zutaten kombinieren oder tauschen, und keiner wird schief angesehen, wenn er nach dem Essen ein, zwei Stunden sitzen bleibt. Die Einrichtung ähnelt einem großen Loft mit schönen Designermöbeln.

140 LAIE LIBRERÍA-CAFÉ

C/ de Pau Claris 85
Dret de l'Eixample ⑩
+34 (0)93 318 17 39
www.laierestaurants.es/pau_claris

Die Buchhandlung Laie bietet zwar kaum Bücher in anderen Sprachen an, doch ist die Restaurant-Bar im 1. Stock auch für Ausländer interessant: ein lichtdurchfluteter Raum mit guter Küche, freiem WLAN und Terrasse. Wenn Sie etwa um 13/13.30 Uhr kommen, gibt es einen Kaffee umsonst.

139 OVAL

5 *Orte, um* EIN FLÄSCHCHEN MITZUNEHMEN

141 **FREIXENET, S. A.**
Carrer de Joan Sala 2
Sant Sadurní d'Anoia
+34 (0)93 891 70 00
RESERVIERUNG:
+34 (0)93 891 70 96
www.freixenet.es

Das im Ausland bekannteste Getränk aus Katalonien ist der Schaumwein Cava: genauso gut wie Champagner (behaupten zumindest die Katalanen) und dabei weit günstiger. Cava erhält man überall in Barcelona, doch wenn es Ihre Zeit erlaubt, unternehmen Sie einen Ausflug zu den Kellereien von Freixenet (30 Min. östlich). Führungen werden auch auf Englisch angeboten.

142 **GIN CORNER**
Carrer de Rocafort 19
Sant Antoni ⑦
+34 (0)93 423 43 14

Sie wollen zukünftig Ihren Gin nicht mehr einfach im Supermarkt kaufen? Bei Gin Corner kann man an einem der Verkostungsabende alles lernen, was es zum Thema Gin zu wissen gibt, verschiedene Sorten probieren und eine Flasche im Geschäft oder online kaufen. Die Leute hier verfügen über einen erstklassigen Geschmackssinn und helfen gerne, auch den Ihren zu sensibilisieren.

144 VILA VINITECA

142 GIN CORNER

143 LA LIONESA

Carrer Ample 21
El Gòtic ②
+34 679 11 60 68

In Spanien gab es einst in fast jeder Straße eine Art Tante-Emma-Läden (*colmados*). Moderne Supermärkte haben sie fast vollständig verdrängt, nur ab und zu konnte noch einer überleben. Das Geschäft La Lionesa, eröffnet im 19. Jahrhundert, verkauft neben regionalen Produkten auch eine gute Auswahl spanischer Weine. Fragen Sie den Besitzer nach Empfehlungen. Schon die Einrichtung des Lädchens rechtfertigt einen Umweg.

144 VILA VINITECA

Carrer dels Agullers 7
Born ③
+34 (0)93 777 70 17
www.vilaviniteca.es

Was früher ein einfacher Gemüsehändler war – man findet noch immer Bananen, die neben der Türe hängen –, präsentiert sich heute als wahre Schatztruhe für Feinschmecker. Auf der einen Seite der Straße liegt das Weingeschäft, auf der anderen verkauft die Vila Viniteca Käse, Schinken und Fleisch sowie eine Auswahl köstlicher Delikatessen (Kreditkarte bereithalten!).

145 ELS SORTIDORS DEL PARLAMENT

C/ del Parlament 53
Sant Antoni ⑦
+34 (0)93 441 16 02

In diesem Spezialgeschäft für Weine aus Katalonien sowie für ausgewählte katalanische Craft-Biere wird die Verkaufsfläche von großen Weinfässern dominiert.
Es liegt am hippen und aufstrebenden Carrer del Parlament, einer Straße voller guter Restaurants und Bars.

5

COOLE REVIERE

der Reichen und Schönen

146 **BOCA CHICA**
Passatge de la Concepció 12
Dret de l'Eixample ⑩
+34 (0)93 467 51 49
www.bocagrande.cat/boca-chica

Sollten Sie auf einen Drink neben einem berühmten Fußballspieler oder sonstigen Star hoffen, haben Sie in dieser edlen Cocktailbar dafür recht gute Chancen. Um Verwirrung zu vermeiden: Das Boca Grande (Großer Mund) ist ein Restaurant mit dem Fokus auf Reis- und Fischgerichte, das Boca Chica (Kleiner Mund) wiederum ist die benachbarte Cocktailbar. Die Preise sind gesalzen: Man muss schon ein paar Cocktails intus haben, um sich vom Preisschock zu erholen.

147 **GATSBY**
Carrer de Tuset 19–21
Gràcia ⑪
+34 (0)93 700 44 53
www.gatsbybarcelona.com

Live-Performances von Sängern und Tänzerinnen mit glitzernden Kostümen in einer Atmosphäre wie in den 1920ern. Das Essen ist recht anständig, doch geht es hier vor allem um das ganze Drumherum. Die gesamte Mannschaft des örtlichen Fußballclubs Barça feierte hier schon wichtige Erfolge. Vergessen Sie nicht, sich entsprechend aufzubrezeln.

148 **SOHO HOUSE BARCELONA**
Plaça del Duc de Medinaceli 4
El Gòtic ②
+34 (0)93 220 46 00
www.sohohousebarcelona.com/en

Dieser exklusive Club ist beliebt bei jungen Kreativen, die auf einer der vielen Etagen abhängen und Ideen austauschen. Man benötigt eine Einladung oder muss eine hohe Eintrittsgebühr bezahlen. Im Erdgeschoss logiert das Restaurant Cecconi's, ein stadtbekannter Italiener.

149 **ECLIPSE BAR**
IM HOTEL W
Plaça de la Rosa dels Vents 1
Barceloneta ④
+34 (0)93 295 28 00
www.eclipse-barcelona.com

Das Hotel W Barcelona (Nr. 433) schließt wie ein Segel den Strand der Stadt an einem Ende ab. Auch wenn Sie hier nicht übernachten, nehmen Sie den Aufzug ins oberste Geschoss, um bei einem Cocktail in der Eclipse Bar den herrlichen Meerblick zu genießen. Kurze Hosen oder informelle Strandkleidung sind hier tabu.

150 **SOLANGE**
Carrer d'Aribau 143
Dret de l'Eixample ⑩
+34 (0)93 164 36 25
www.solangecocktail.com

Das Solange steht für »Cocktails und Luxusbrände«. Die teils von vertikalen Holzstangen verdeckten getönten Fenster verleihen der Bar im 1980er-Glam-Stil eine fast mysteriöse Aura. Innen sind die Wände von oben bis unten mit Flaschen vollgestellt. Die Speisekarte beginnt mit einer Seite über Champagnerflaschen, die mehrere Hundert Euro kosten. Die Auswahl an Cocktails ist umfangreich, von Klassikern bis zu experimentierfreudigen Varianten.

5 Clubs,
DIE NACHT DURCHZUTANZEN

151 **LA BOÎTE**
Les Rambles 33
Raval ①
+34 (0)93 319 17 89

3 Uhr nachts ist an Wochenenden ein kritischer Zeitpunkt in Barcelona: Dann schließen die meisten Bars, und man muss sich zum Weiterfeiern in einen der Nachtclubs begeben. Das La Boîte kündigt diese Marke durch den Wechsel von Discomusik zu härterem House an. Doch sowohl vorher wie nachher hat man hier jede Menge Spaß.

152 **ALFA**
C/ Gran de Gràcia 36
Gràcia ⑪
+34 (0)93 415 18 24
www.alfabar.cat

Nein, dieser Laden ist nicht »cool«. In Spanien würde man ihn *cutre* nennen, ein Stil, der irgendwo zwischen kitschig und schäbig liegt. Irgendwann nach Mitternacht fällt man auf der Tanzfläche gemeinsam in eine Art Trance, und alle grölen ausgelassen spanische und amerikanische Rocksongs mit. Hier muss man sich nicht großartig präsentieren, man kommt einfach her, um Spaß zu haben.

153 JAMBOREE

Plaça Reial 17
El Gòtic ②
+34 (0)93 319 17 89
www.masimas.com/jamboree

Im Jamboree gibt es Jazz, aber noch vieles mehr. Die Jazzkonzerte finden am frühen Abend statt (gegen 20 Uhr), ab Mitternacht ist Zeit für Pop, Rock oder Hip-Hop. Zwei Clubs, bei einem ist der Eintritt frei.

154 HARLEM JAZZ CLUB

Carrer de Comtessa de Sobradiel 8
El Gòtic ②
+34 (0)93 310 07 55
www.harlemjazzclub.es

Man braucht nicht immer einen Beat, um einfach loszutanzen, früher Jazz, Blues und Funk sind nicht weniger geeignet. Im Harlem Jazz Club finden an fast allen Wochentagen Konzerte statt, in der wohl sympathischsten Atmosphäre, die ein Dance-Club bieten kann. Man findet praktisch über die Musik zueinander. Eine tolle Stimmung, wie sie jeder mindestens einmal miterleben sollte.

155 MOOG

C/ de l'Arc del Teatre 3
Raval ①
+34 (0)93 319 17 89
www.masimas.com/moog

Eine lange, schmale Bar, die in eine viereckige Tanzfläche mündet. Das Moog (früher: Moog Electronic Dancing Club) ist einer der coolsten Orte, um beim Tanzen gewaltig ins Schwitzen zu geraten. Mit Stolz bezeichnet man sich als Sprungbrett für so manch berühmten DJ. Aber auch wer diesbezüglich kein Experte ist, kann hier so richtig gut abfeiern.

5 tolle Anlässe für STRASSENFESTE

156 **FESTA MAJOR DE GRÀCIA**

Carrer de Verdi
Gràcia ⑪
www.festamajordegracia.cat

In Barcelona spielt sich das Leben oft unter freiem Himmel ab. Jedes Stadtviertel, das auf sich hält, besitzt ein eigenes Straßenfest, wobei Gràcia den Vogel abschießt: Bei seiner zweiwöchigen Fiesta im August wird ein Dutzend Straßen mit ungeheurem Aufwand fantasievoll dekoriert.

157 **FESTA MAJOR DEL POBLE SEC**

Poble Sec/Montjuïc ⑥
festamajor.poblesec.org

Das Straßenfest in Poble Sec kommt mit weniger Dekorationen daher als das von Gràcia und besitzt zudem eine eher studentische Atmosphäre. Trotzdem hat man auch hier jede Menge Spaß.

158 **FESTIVAL DE LA MERCÈ**

El Gòtic ②
lameva.barcelona.cat/merce/en/

Dieses jährlich Ende September steigende Patronatsfest zu Ehren der Jungfrau Maria findet vor allem rund um die Via Laietana in El Gòtic und im Born-Viertel statt: Riesen (*gegants*), *correfocs* (»Feuerläufe« als Teufel verkleideter Tänzer und Feuerwerk) sowie künstlerische Projektionen an den Fassaden um die Plaça Sant Jaume (Nr. 315).

159 DIADA DE SANT JORDI

Am Festtag des hl. Georg, des katalanischen Schutzpatrons (23. April), überreichten Männer früher ihren Frauen Rosen, und diese schenkten ihnen Bücher. Zwar ist die Tradition etwas verblasst, doch das Festival ist noch immer ein wichtiges Ereignis: In den Straßen der Innenstadt signieren Schriftsteller ihre Werke, und überall werden Rosen angeboten.

160 FERIA DE ABRIL

Plaça del Fòrum
Poblenou ⑤
www.cac.es

Die Aprilmesse Feria de Abril, die eigentlich in der andalusischen Kultur wurzelt, gelangte von dort nach Barcelona. Das Festival findet auf dem Gelände des Fòrum statt, mit Events und Restaurantständen. Die Damenwelt präsentiert sich dann zum Teil in lebhaft bunten Flamenco-Outfits.

156 **FESTA MAJOR DE GRÀCIA**

CINEMA

65 ORTE ZUM SHOPPEN

5 *modische*
DAMEN-BOUTIQUEN

161 **COLMILLO DE MORSA**
Carrer de Vic 15
Gràcia ⑪
www.colmillodemorsa.com

Elisabet Vallecillo und Javier Blanco, das Duo hinter diesem Label, machen noch alles selbst: Entwürfe, Herstellung und Verkauf. Ihre Kleidung und auch der Shop verströmen die edle Aura selbstsicherer Eleganz. Colmillo de Morsa (so viel wie »Walross-Stoßzahn«) baut auf Nachhaltigkeit und lokale Produktion und verkauft auch Mode anderer Designer der Region. Alles ist von Hand gefertigt und daher wirklich einzigartig.

162 **RÖA**
Carrer Comtessa de Sobradiel 9
El Gòtic ②
+34 695 36 69 84
www.roabcndesign.com

Dieser noch junge kleine, hübsche Concept-Store verkauft Damenmode und Accessoires von spanischen Jung-Designern. Sein Stil ist feminin und unaufdringlich, die Farbpalette das Gegenteil von schrill. Versteckt gelegen in einer kleinen Nebenstraße der Ramblas, ist er ein Geheimtipp, wie er im Buche steht: kaum bekannt und von überzeugender Persönlichkeit.

163 MISTY ROSE

C/ de Provença 333
Dret de l'Eixample ⑩
+34 (0)93 476 22 08

Schicke urbane Kleidung: Teile für jeden Tag, aber auch Statement Pieces. Die Marken stammen teils aus der Umgebung, aber auch aus aller Welt: One Step, Monomi, Juliette Jolie … Wer Misty Rose auf Facebook folgt, findet fast täglich neue Bilder mit interessanten Kombinationen.

164 CUSTO BARCELONA

Plaça del Pi 2
El Gòtic ②
+34 (0)93 304 27 53
www.custo.com

Angel Custodio Dalmau, der Inhaber, war einer der Ersten, dem der kommerzielle Wert des Wortes »Barcelona« auffiel. Er verband seinen eigenen Namen mit dem der Stadt, um farbenprächtige und kunstvoll gemusterte Kleidung zu verkaufen. Die 35 Jahre alte Marke betreibt weltweit über hundert Geschäfte.

165 VELVET BCN

Carrer de Verdi 42
Gràcia ⑪
+34 (0)93 126 94 73
www.velvetbcn.com

Fragen auch Sie sich manchmal, wo Ihre Kleidung herkommt? Sind auch Sie, wie viele, beunruhigt über die gesellschaftlichen und umwelttechnischen Kosten, die sogenannte Fast Fashion produziert? Dann ist dies das richtige Geschäft für Sie. Es zeigt, dass ökologisch und nachhaltig produzierte Mode nicht nur Verantwortung beweist, sondern auch kreativ und stilvoll sein kann. Bei Velvet BCN erhält man »Slow Fashion« für Damen und Herren, täglich tragbar oder für besondere Anlässe. Neben dem Laden in Barcelona gibt es einen Webshop mit tollem Blog.

5 bewährte Läden für VINTAGE-MODE

166 **FLAMINGOS VINTAGE KILO**
C/ de Ferlandina 20
Raval ①
+34 (0)93 182 43 87
www.vintagekilo.com

Eine gute Faustregel für Restaurants und Geschäfte besagt: Je weniger man kaufen kann, desto besser die Qualität. Doch es gibt auch Ausnahmen. Bei Flamingo etwa findet man Secondhand-Kleidung, die zum Kilopreis verkauft wird, sodass man hier endlos stöbern kann – und das zu supergünstigen Preisen. Die Auswahl an Brautkleidern, die von der Decke hängen, ist ebenfalls inspirierend …

167 **LE SWING**
C/ dels Lledó 4–6
El Gòtic ②
+34 (0)93 310 14 49
www.leswingvintage.com

Das Le Swing, nach der Jahrtausendwende ein Pionier in Sachen Vintage-Mode, besitzt heute zwei Ableger: Am Carrer del Rec findet man die ältesten Stücke und am Carrer del Bonaire 6 besonders ausgeflippte Teile. Beide Läden sind geschmackvoll im Stil eines traditionellen französischen Damenzimmers eingerichtet.

168 **COTTON VINTAGE**

C/ Enric Granados 26
Eixample ⑨
+34 (0)93 015 49 84
www.cottonvintage.es

Secondhand-Luxuskleidung (und Accessoires), oft bis zu 20 Jahre alt. Wenn Sie Spanisch verstehen, schauen Sie sich erst einmal auf dem Blog um. Dort gibt es Spannendes zu lesen über Luxus, Mode und Glam (cottonvintage.wordpress.com).

169 **HOLALA! PLAZA**

C/ de Valldonzella 6
Raval ①
+34 (0)93 302 05 93
www.holala-ibiza.com

Das Erste, was einem hier ins Auge fällt, sind die bunten Vintage-Sportklamotten, doch Holala! hat noch mehr zu bieten, von Jeans und Gürteln bis zu Kleidern und Krawatten, von sehr gut tragbaren Stücken bis zu eher außergewöhnlichen Outfits. Einige sorgsam ausgewählte Möbelstücke aus den 1960er- und 1970er-Jahren verleihen dem Laden eine besondere Atmosphäre.

170 **LULLABY**

C/ de la Riera Baixa 22
Raval ①
+34 (0)93 443 08 02

Wenn Sie sich die Preise für Pariser Vintage nicht leisten können, versuchen Sie es doch einmal bei Lullaby: Hier finden Sie das Beste aus verschiedenen Epochen, chronologisch sortiert, nur ohne teure Markennamen. Außerdem im Angebot: Kleidung für Herren und Kinder. Und wenn Sie eine kleine Pause brauchen, kehren Sie in der Bar Resolis nebenan ein, um ein paar Tapas zu essen.

5 Adressen für wirklich TOLLEN SCHMUCK

171 **THE DIAMOND PALACE**
Gran Vía de les Corts Catalanes 579
Eixample ⑨
+34 (0)93 193 31 21
www.thediamondpalace.es

Raten Sie mal, worauf man sich hier spezialisiert hat. Der Diamond Palace betreibt Laden und Schmuckwerkstatt auf zwei Etagen, auf denen man neben mehreren Ausstellungsflächen auch eine Lounge-Bar im Dachgeschoss findet. Ein Mekka für Liebhaber edlen Schmucks. Nehmen Sie unbedingt Ihre Kreditkarte mit.

172 **ARISTOCRAZY**
Carrer del Consell de Cent 351
Dret de l'Eixample ⑩
+34 (0)93 272 10 65
www.aristocrazy.com

Die Schmuckstücke, die man in diesem Geschäft erhält, bleiben garantiert nicht unbeachtet. Dabei müssen Sie noch nicht einmal aus der von »Game of Thrones« inspirierten Kollektion auswählen, auch die anderen Schmucklinien sind atemberaubend. »Epiphany« etwa, mit seinen floralen Formen in Gold und Silber. Oder die Serie »New Age« mit Quadraten in Sterling-Silber.

173 UNO DE 50

Rambla de Catalunya 84
Dret de l'Eixample ⑩
+34 (0)93 467 37 61
www.unode50.com

Uno de 50, gegründet in den 1990ern, ist heute eine internationale Kette, die kreativen spanischen Schmuck zu angemessenen Preisen anbietet. Ihre Stärke liegt in filigran gearbeiteten Armbändern und anderen Juwelierwaren, meist in Silber. Hier erhält man auch Schmuck für den Herren und eine kleine Uhrenauswahl.

174 HERITAGE

Carrer de la Palla 27
El Gòtic ②
+34 (0)93 317 85 15
www.heritagebarcelona.com

Ein altmodisch mit viel Holz eingerichtetes Geschäft für Vintage-Mode und -Schmuck. Man kann nie im Voraus sagen, was man gerade findet, doch wenn Sie etwa in einen Silberanhänger aus den 1970ern investieren wollen, werden Sie hier sicher fündig. Bei Heritage gibt es auch Vintage-Kleider (Dior, Balenciaga u. Ä.), doch Vorsicht: Die kosten schon mal ein paar Tausender.

175 KOETÀNIA

Carrer de Goya 8
Gràcia ⑪
+34 (0)93 511 72 21
www.koetania.com

Die Firma kurz vor der internationalen Expansion verkauft Schmuck in verschiedenen Kategorien: von preiswert (etwa 30 Euro) bis teuer (ab 500 Euro). Der Clou dabei ist, dass der Kunde direkten Einblick in die Werkstatt erhält. Man möchte eher den menschlichen Aspekt hinter dem Schmuck betonen und legt weniger Wert auf Verkaufsräume voll glänzender Ware. Umgänglich, liebenswert, sehr zu empfehlen.

5 Locations für AUSGEFALLENE SCHUHE

176 **STUART WEITZMAN**
Passeig de Gràcia 81
Dret de l'Eixample ⑩
+34 (0)93 216 03 83
eu.stuartweitzman.com

Das Himmelreich für weibliche Schuh-Junkies liegt etwas unter Straßenniveau, sodass man sich leicht bücken muss, um es in Augenschein zu nehmen. Der amerikanische Designer Stuart Weitzman steht allgemein für die teuersten Schuhe der Welt, halten Sie also schon mal die Kreditkarte bereit – für seine wirklich atemberaubenden Entwürfe.

177 **LA MANUAL ALPARGATERA**
Carrer d'Avinyó 7
El Gòtic ②
+34 (0)93 301 01 72
www.lamanual alpargatera.es

Schon Papst Johannes Paul II. und Salvador Dalí trugen gerne Espadrilles von La Manual Alpargatera: Wenn das mal kein gutes Zeichen ist! Alles hier ist handgefertigt und kommt in überraschender Vielfalt! Schon das altmodisch-gemütliche Geschäft ist einen Besuch wert.

178 **NU SABATES**
C/ dels Cotoners 14
Born ③
+34 (0)93 268 03 83
www.nusabates.com

Jedes Paar ein Original und mit natürlichen Farbstoffen gefärbt! Der kalifornische Architekt und Schuhdesigner Rafi Balouzian und sein Sohn Ari haben eine eigene Kollektion, doch Sie können sich auch Ihr individuelles Design von Hand fertigen lassen.

179 **ALVAREZ & MOIXONET**

Carrer Comercial 17
Born ③
+34 (0)93 206 44 70
www.alvarez moixonet.com

Direkt hinter der hübsch restaurierten Markthalle des Mercat del Born (Nr. 221) kann man bei Alvarez & Moixonet »Sandschuhe« kaufen: stilvolle Leinenschuhe, ideal für den Strand. Es gibt sieben Kollektionen: Hippie, Hedonist, Kosmopolit, Dekadent, Schick, Künstler und Idealist.

180 **BIMBA & LOLA**

Pg. de Gràcia 55–57
Dret de l'Eixample ⑩
+34 (0)93 215 81 88
www.bimbaylola.com

Bimba & Lola führen zwar auch Accessoires, Handtaschen und Schmuck, besonders jedoch eine Auswahl an Schuhen: von Ballerinas bis zu Booties, die wirklich Eindruck schinden. Wem die Auswahl hier nicht reicht: Es gibt noch andere Filialen (u. a. Carrer de Muntaner 356).

178 **NU SABATES**

5 *interessante Shops für* **HERRENMODE**

181 **NUDIE JEANS**
C/ de Ramon y Cajal 2
Gràcia ⑪
+34 (0)93 284 61 42
www.nudiejeans.com

Nudie Jeans ist eine Werkstatt, die alten Jeansklamotten neues Leben einhaucht – nach dem Motto »Repairing is Caring«. Das Ergebnis sind neue, hippe Jeans, die ganz natürlich abgetragen wirken.

182 **BOO**
C/ de Bonavista 2
Gràcia ⑪
+34 (0)93 368 14 58
www.boobcn.com

Die humorvolle Einrichtung wirkt ländlich-rustikal, die Umkleidekabine ist eine originale Telefonzelle aus den 1920ern. Zu den angebotenen Labels zählen Marken wie Bleu de Paname, La Paz, Saint James, Penfield, Plectrum oder Cheap Monday. Zudem gibt es Bücher, Parfum (wie Musgo Real) und vieles andere für den coolen und hippen Herrn.

183 **SCOTCH & SODA**
C/ del Rosselló 247
Dret de l'Eixample ⑩
+34 (0)93 176 38 25
www.scotch-soda.net

Alltagskleidung muss nicht Synonym für billige Wegwerfware sein. Vergessen Sie mal H&M und shoppen Sie Essentials in einem Geschäft wie diesem: Die bekannte holländische Marke präsentiert sich hier durchaus spanisch in einladendem Ambiente. Ansprechend und stilvoll.

184 **ON LAND**

184 ON LAND

C/ de la Princesa 25
Born ③
+34 (0)93 310 02 11
www.on-land.com

Der »authentische Fashion Concept-Store« verkauft Kleidung für Sie und Ihn, entworfen von internationalen Jungdesignern oder den Inhabern selbst. Dabei sind die angebotenen Klamotten oft nicht weniger minimalistisch als der Laden. Der Designer Josep Abril etwa ist alles andere als ein Vertreter konventioneller Schneiderkunst. Genau die richtige Adresse also, um Ihrer Garderobe etwas mehr Schwung zu verleihen. Unter den Damen-Labels: Rundholz oder Becksöndergaard.

185 THE OUTPOST

C/ del Rosselló 281bis
Gràcia ⑪
+34 (0)93 457 71 37
www.theoutpost bcn.com

Sommerschuhe und Accessoires. Badekleidung und Taschen. The Outpost empfängt seine Kunden in einem betont »maskulinen« Ambiente (sehr gemütlich mit Brauntönen und viel Holz) und breitet eine ganze Palette an tollen Marken aus (aktuelle Übersicht auf der Website): Raf Simons, Issey Miyake, Heschung, Robert Clergerie, Want Les Essentiels de la Vie, Moscot Sunglasses, Boinas Elosegui, Engineered Garments …

5 *stilvolle Läden für* ACCESSOIRES *und* BEAUTY

186 **LA CHINATA**
Carrer dels Angels 20
Raval ①
+34 (0)93 481 69 40
www.lachinata.es

Reines Olivenöl, auch Basis mediterraner Küche, steht ganz im Fokus dieser »Oleoteca«: Duschgels, Hautcremes, Seifen oder Peelings – sie alle basieren auf diesem Inhaltsstoff. Natürlich wird Premium-Olivenöl auch in Flaschen angeboten – neben einer Reihe weiterer Delikatessen. Besonders hervorzuheben: die Paté aus *morcilla* (eine Art Blutwurst) mit nativem Olivenöl extra.

187 **GUANTERÍA Y COMPLEMENTOS ALONSO**
C/ de Santa Anna 27
El Gòtic ②
+34 (0)93 317 60 85
www.tiendacenter.com

Schon seit 1700 werden an diesem Ort Handschuhe und ein ergänzendes Sortiment (Accessoires, Fächer, Mantillas) verkauft. Daher steht der altmodische kleine Laden (früher: Manos) in einem Jugendstilgebäude offiziell unter Denkmalschutz. Er bietet ein wesentlich authentischeres Erlebnis, als wenn Sie ein Paar Handschuhe in einem modernen Geschäft kaufen.

188 AMAPOLA

C/ Boria 20
Born ③
+34 (0)93 513 12 92
www.amapolabio.com

Amapola verkauft selbst hergestellte Naturkosmetik, basierend auf ätherischen Ölen und anderen 100 % natürlichen Inhaltsstoffen. Zu den Produkten zählen Handcremes mit Ringelblumenöl, Johanniskrautcreme zur Beruhigung sonnengereizter Haut (gut für Touristen!), Cremes für alle Hauttypen und Produkte für die Aromatherapie.

189 BEATRIZ FUREST

C/ de València 272
Eixample ⑨
+34 (0)93 797 91 84
www.beatrizfurest.com

1898 gründeten Vorfahren der Besitzerin ein Geschäft für Herrenmode an der Plaça Reial. Heute ist Beatriz Furest in einem eigenen Bereich der Mode tätig, nämlich Entwurf und Vertrieb von »Lederwaren, inspiriert von Streetwear«. Hier finden Sie elegante, stilvolle Handtaschen, Schuhe, Brieftaschen, Portemonnaies, Gürtel und Schals. Ende 2018 eröffnete der neue Flagship Store Ecke Passeig de Gràcia/ Carrer de València.

190 BIBA

Gran Via de Les Corts Catalanes 654
Dret de l'Eixample ⑩
+34 (0)93 467 39 30
www.biba.es

Shopper, Herrentaschen, Koffer, Rucksäcke oder Brieftaschen … Wenn man ein Transportbehältnis sucht und keine Tupperware mag, wird man bei Biba fündig. In Barcelona gibt es davon gleich mehrere Geschäfte, man hat buchstäblich die Qual der Wahl. Die etablierte Marke taucht auch hin und wieder auf dem Straßenmarkt Palo Alto (Nr. 225) auf.

5 charmante Quellen für ANTIQUITÄTEN und GEBRAUCHTES

191 **MUEBLES RAM**
C/ de Cartagena 164
Dret de l'Eixample ⑩
+34 (0)93 265 57 80
www.attrezzoram.com

Das Möbelgeschäft RAM verlieh einst Requisiten an die Filmbranche. Objekte, die doppelt vorhanden waren, bot man zum Verkauf an. Heute darf sich auch jeder andere unter den nostalgischen Stücken umsehen: Chrom-Stühle, 1970er-Jahre-Tische und -Stühle, Radiogeräte und Lampen.

192 **L'ARCA**
C/ dels Banyes
Nous 20
El Gòtic ②
+34 (0)93 302 15 98
www.larca.es

Wäsche für die Aussteuer, Bettlaken, Tafelleinen und andere Textilien aus dem 18. bis 20. Jahrhundert, darunter antike Brautkleider. Das Geschäft besitzt auch eine Werkstatt; früher befand sich an gleicher Stelle eine Textilfabrik.

193 **ANTIQUE BOUTIQUE**
Carrer de Sèneca 16
Gràcia ⑪
+34 (0)93 415 86 48
www.antique boutiquebcn.com

Hier schätzt man Objekte in ihrer ursprünglichen Form, doch die Sammlung der Besitzer trägt durchaus individuelle Züge: sehr viel Metall, ohne betont »industriell« zu wirken. Der Tisch »Juliette« zum Beispiel ist neu und elegant und würde mit seinem Glanz gut in ein Boudoir passen.

194 AGAINST

Carrer del Comte
d'Urgell 47–51
Sant Antoni ⑦
+34 (0)93 301 54 52
www.againstbcn.com

Ein Spezialgeschäft für »Mid-Century«-Möbel und Objekte, die, von Architekten entworfen, so weit wie möglich im Originalzustand belassen werden. Die Preise entsprechen logischerweise dem selbst gesteckten Anspruch.

195 OTRANTO

Pg. de Sant Joan 142
Gràcia ⑪
+34 (0)93 207 26 97
www.otranto.es

Otranto rettet antike Teile von Gebäuden, die vor dem Abriss stehen: Treppengeländer, Toiletten, Schmuckelemente, Straßenlaternen. Auch wenn vieles nicht in den Koffer passt, es gibt auch jede Menge schöner Mosaikfliesen …

191 MUEBLES RAM

5

VINTAGE-LÄDEN

mit guter Auswahl

196 **CARRER DELS TALLERS**
Antiquitätenstraße
Raval ①

Im leicht heruntergekommenen Carrer dels Tallers gibt es so viele Vintage-Läden, dass man diese Straße am besten gleich in ihrer Ganzheit erwähnt. Tipps: Soul (Nr. 15; 1960er-Jahre-Mode), VV Vintage (Nr. 23; Jeans und andere Kleidung, Sonnenbrillen), Cápsula (Nr. 52; Secondhand-Klamotten) und mehrere Plattenläden.

197 **NOAK ROOM**
C/ de Roc Boronat 69
Poblenou ⑤
+34 (0)93 309 53 00
www.noakroom.com

Aufgepasst, Fans skandinavischen Designs, das nicht von IKEA stammt! Dieser Laden ist randvoll mit Möbeln der 1960er- und 1970er-Jahre aus Schweden, Dänemark und Norwegen, die von den Inhabern Sara Salas und Martin Noaksson liebevoll restauriert oder gereinigt wurden. Es ist wirklich schwer, sich nicht in Tische, Sofas, Schränke, Lampen, Poster und andere Objekte zu verlieben, die sich perfekt miteinander kombinieren lassen.

198 GIDLÖÖF

Passatge Mercantil 1
Born ③
+34 627 42 88 77
www.gidloof.com

Skandinavische Möbel der 1940er- und 1950er-Jahre: Tische, Teppiche, Stühle, Schränke und andere ausgesuchte Stücke. Auch wenn Sie sich (aus Sorge vor horrenden Gebühren für Übergepäck beim Rückflug) beim Möbelkauf zurückhalten, bleibt ein Besuch dieses gut sortierten Ladens ein tolles Erlebnis. Die feine Qualität der altmodischen Objekte hat etwas Besonderes … Das Geschäft wurde im Dezember 2016 umfassend renoviert.

199 MUSIC WORLD

C/ del Rosselló 201
Eixample ⑨
+34 (0)93 218 22 84

Hier gibt es noch das Original: Secondhand-Vinylplatten aus der guten alten Zeit. Der extrovertierte Inhaber des kleinen Ladens kennt sich bestens aus. Hardcore-Vinyl-Fans besuchen den Plattenladen Disco 100 in Gràcia (Carrer Escorial 33): Er verkaufte früher CDs und Schallplatten, konzentriert sich inzwischen aber auf seine alle Genres umfassende, beeindruckende Vinylsammlung.

200 MERCAT DE SANT ANTONI

C/ Comte d'Urgell 1
Eixample ⑨
+34 (0)93 426 35 21
www.mercatdesantantoni.com

Nach jahrelanger Renovierung wurde die Markthalle von 1872 endlich wiedereröffnet. Hier kauft man nicht nur Lebensmittel, sondern auch Kleidung und Schuhe, neu oder gebraucht; an Sonntagen zudem antiquarische Bücher und Briefmarken. Der Markt lohnt auf jeden Fall einen Besuch, schon wegen seiner Größe und um die beeindruckende Metallkonstruktion zu bewundern.

5 *aufregende*

DESIGNER-SHOPS

201 **GOTHAM**
Carrer del Lleo 28
Raval ①
+34 687 04 08 06
www.gotham-bcn.com

Seit mehr als 20 Jahren ist das Gotham mittlerweile ein bekannter Anlaufpunkt. Das Geschäft verkauft Möbel, Lampen und eine kunterbunte Sammlung weiterer Objekte. Nicht gerade Schnäppchen, doch preislich angemessen.

202 **BRUTUS DE GAPER**
C/ de Pamplona 60
Poblenou ⑤
+34 (0)93 639 30 13
www.brutusdegaper.com

Ein Besuch des 450 m² großen Ladens wirkt wie ein Spaziergang durch einen Warenkatalog mit starken visuellen Eindrücken! Art-déco- und Mid-Century-Möbel sowie eine breite Auswahl an Objekten und Dekor beschwören zwar das Bild eines vollgestopften Wohnzimmers. Mit dem großen Unterschied, dass durch die Präsentation in diesem Kontext die Schönheit der Objekte neu zur Geltung kommt, bereit dazu, ein zweites Leben in einem modernen Zuhause zu beginnen.

201 GOTHAM

203 **OBJETO DE DESEO**
Carrer del Consell de Cent 292
Eixample ⑨
+34 (0)93 415 72 82
www.objetodedeseo.es

Vergessen Sie altmodische Souvenirgeschäfte und schauen Sie sich lieber dieses Kuriositätengeschäft mit »Objekten der Begierde« an: Vasen, seltsame Wanddekorationen, Figürchen und andere Gegenstände an der Grenze zur Kunst sowie ab und zu ein größeres Objekt.

204 **ZABRISKIE OUTLET**
C/ de Mallorca 198
Eixample ⑨
+34 (0)93 323 12 47

Das Outlet wurde nach Michelangelo Antonionis zivilisations- und konsumkritischem Film *Zabriskie Point* (1970) benannt. Die Inhaber beweisen Sinn für Humor, denn man trägt all das zusammen, was vom Tisch des Konsumenten abfällt: jede Menge Billigkleidung, Bilderrahmen, Kerzen und Schnickschnack.

205 **AZUL TIERRA**
C/ de Còrsega 276
Eixample ⑨
+34 (0)93 217 83 56
azultierra.es

Ein Ort, an dem sich die Geister scheiden. Denn die Möbel hier tendieren zu extremer Größe und sind entsprechend teuer. Und wahrscheinlich wollen Sie auch keinen ausgestopften Vogel für Ihr Wohnzimmer oder eine Leuchte wie aus einer Zahnarztpraxis – nur ein ganzes Stück größer. Aber rein aus Spaß an seiner ungenierten multikulturellen Extravaganz ist das Azul Tierra ein toller Laden.

5 *einprägsame*

BUCHGESCHÄFTE

206 **LA CENTRAL**

C/ de Mallorca 237
Dret de l'Eixample ⑩
+34 900 802 109
www.lacentral.com

La Central ist die umfassendste Buchhandelskette der Stadt. Von ihren verschiedenen Filialen empfehlen wir besonders diejenige im Eixample: Oben gibt es ein freundliches Café mit Terrasse und leckerem Gebäck, im Erdgeschoss eine recht ordentliche Auswahl an englischsprachigen Büchern. Auch in den anderen Abteilungen (Kunst, Philosophie, Naturwissenschaften, Geschichte ...) verstecken sich vereinzelt englische Titel im spanischen Sortiment, wenn Sie auf gut Glück danach suchen.

207 **FREAKS**

Carrer d'Alí Bei 10
Dret de l'Eixample ⑩
+34 (0)93 265 80 05
www.freaks-books.com

Der Name ist Programm: drei Läden für Liebhaber des Bizarren mit Neuheiten, Raritäten und Vintage-Ausgaben. Das Angebot umfasst Bücher zu Filmen und eine Sammlung von Schwarz-Weiß- und B-Movies; einen Laden für Comics und Graphic Novels; sowie Publikationen aller Art zu Design und Tätowierkunst.

206 **LA CENTRAL**

208 LAIE CCCB

C/ de Montalegre 5
Raval ①
+34 (0)93 481 38 86
www.laie.es/cccb

Das CCCB (Zentrum für Zeitgenössische Kultur; Nr. 358) verfügt über einen einzigartigen Buchladen mit Fokus auf Kunst, Philosophie, Graphic Novels und anspruchsvolle Zeitschriften. Die Literaturabteilung hingegen ist eher zu vernachlässigen. Hier finden Sie auch eine Riesenauswahl schrulliger Objekte, wie Roboter-Stifthalter oder ungewöhnliche Eiswürfelformen nach Protagonisten aus Videospielen der 1980er-Jahre. Intellektuell und dabei leicht verschroben.

209 TAIFA

Carrer de Verdi 12
Gràcia ⑪
+34 (0)93 217 66 21
www.taifallibres.com

Diese Buchhandlung im Gràcia-Viertel liegt in der Nähe des Kinocenters Cines Verdi, was erklärt, warum man hier so viele Bücher über Filme und nur ein kleineres Sortiment über das Theater findet. Daneben gibt es eine Auswahl an Taschenbüchern sowie im hinteren Bereich eine antiquarische Abteilung. Sehr sympathisch!

210 COME IN – ENGLISH BOOKSHOP

C/ de Balmes 129 bis
Eixample ⑨
+34 (0)93 453 12 04
www.libreria inglesa.com

Der beste englische Buchladen in der katalanischen Metropole (wo allerdings auf diesem Feld keine allzu große Konkurrenz herrscht). Das Angebot reicht von Literatur, Publikationen zu Kunst, Kinderbüchern und Fachliteratur verschiedener Art bis hin zu Wörterbüchern oder Brettspielen.

5 bunte BLUMENLÄDEN und -MÄRKTE

211 **FLORS CAROLINA**
ETWA AUF HÖHE VON:
Les Rambles 91
Raval ①

Nur auf der Rambla de les Flors durfte man im 19. Jahrhundert Blumen verkaufen, und an den Ramblas findet man noch heute Blumenstände (zu oft überteuerten Preisen). Sollte Ihnen dort nach Blumen sein, steuern Sie Flors Carolina an. Fünf Floristen-Generationen betrieben diesen Stand, wo man bis heute ausschließlich Blumen erhält – ganz ohne Souvenirs und Kitsch.

212 **AU NOM DE LA ROSE**
Carrer de València 203
Eixample ⑨
+34 (0)93 451 16 50
www.aunomdelarose.es

Wie der Name verrät, erhält man hier Rosen: Einzelstiele oder Bouquets, gewöhnliche oder seltene Sorten. Daneben gibt es Marmeladen und Süßigkeiten mit Rosenaroma sowie Duftkerzen.

213 **ANNABEL FLORISTERÍA**
Carrer d'Astúries 13
Gràcia ⑪
+34 (0)93 237 09 40

In der geschäftigen Einkaufsstraße gibt es zwei Blumenläden. Floristeria i Complements (Nr. 16) verkauft kleinere Pflänzchen und Minigeschenke, doch bei Annabel Floristería finden Sie schöne Arrangements und eine Auswahl kleiner Obstbäumchen für den sommerlichen Balkon.

214 FLORISTERÍAS NAVARRO

C/ de València 320
Dret de l'Eixample (10)
+34 (0)93 457 40 99
www.flores navarro.com

Flores Navarro hat einen ausgezeichneten Ruf und bietet wunderschöne Bouquets und schöne Bonsais. Das Geschäft ist riesig: Überqueren Sie den Carrer del Bruc und schauen Sie sich auch den anderen Teil von Navarros Blumenwelt auf der gegenüberliegenden Straßenseite an.

215 MARIA PONSA FLORS

Rambla de Catalunya 124
Dret de l'Eixample (10)
+34 (0)93 218 67 81

Maria Ponsa Flors übernimmt langsam aber sicher den kleinen Platz vor dem Geschäft: Die Hälfte der Waren ist auf Regalen und Karren an der Straße ausgelegt, vor Sonne geschützt unter einem Dach aus Passionsblumen. Drinnen finden Sie zudem eine Auswahl geschmackvoll getrockneter Blumenarrangements. Auch über das Gärtnern nach Feng-Shui-Prinzipien werden Sie hier umfassend informiert.

214 FLORISTERÍAS NAVARRO

5 *sehenswerte*

TRADITIONSGESCHÄFTE

216 **GALLISSA**
Carrer del Cardenal Casañas 5
El Gòtic ②
+34 (0)93 302 69 87
www.gallissa.com

Die Stadtverwaltung Barcelonas schützt nicht nur viele der alten, stimmungsvollen Bars vor Umbau oder Abriss, sondern auch Ladenlokale. Dies beinhaltet auch Schutz vor exorbitant steigenden Mieten in Touristenzentren. Eines dieser Geschäfte ist Gallissa, wo man »Wachskunst« in Form wunderschöner Kerzen fertigt.

217 **CASA GISPERT**
Carrer dels Sombrerers 23
Born ③
+34 (0)93 319 75 35
www.casagispert.com

Wenn Sie nur Nüsse oder Trockenobst aus Supermärkten kennen, wird dieser Laden Ihr Leben verändern. Die Casa Gispert mit eigenem Trockenofen (im hinteren Bereich) exportiert Nüsse in alle Welt. Sie schmecken so ausgezeichnet, dass man es kaum in Worte fassen kann. Probieren Sie 100 Gramm der getrockneten Aprikosen oder Macadamianüsse, am besten draußen in der Sonne, bevor Sie sich eventuell noch einen Nachschlag holen …

217 CASA GISPERT

218 GANIVETERÍA ROCA

Plaça del Pi 3
El Gòtic ②
+34 (0)93 302 12 41
www.ganiveteria
roca.cat

Ganivet bedeutet auf Katalanisch »Messer«. Wenn Sie ein gutes Küchen- oder Taschenmesser suchen, werden Sie in diesem Geschäft mit eigener Werkstatt ganz sicher fündig. Daneben erhält man Küchenutensilien, Korkenzieher, Besteck, Sets für Mani- und Pediküre und vieles mehr. Die historische Inneneinrichtung stammt noch von 1911, als der Laden eröffnet wurde.

219 FARMÀCIA GALUP

C/ de Pau Claris 83
Dret de l'Eixample ⑩
+34 (0)93 317 72 83

Viele der unter Schutz stehenden Geschäfte sind Apotheken, was verständlich ist: Die Leute möchten halt gern gesund bleiben. Die Farmàcia Galup, ein Unternehmen von 1927, besitzt noch eine traumhafte historische Ladeneinrichtung und an den Wänden originale Werbeplakate für Galup-Produkte aus der Entstehungszeit. Eine gute Gelegenheit, auf einen Schlag eine Zahnbürste zu erwerben und zugleich ein wenig Kulturgeschichte mitzunehmen.

220 CASA BEETHOVEN

Les Rambles 97
Raval ①
+34 (0)93 301 48 26
www.casa
beethoven.com

Etwas zurückgesetzt auf dem Platz neben dem Kulturinstitut Palau de la Virreina (vgl. Nr. 298) verkauft dieser winzige, seit 1880 operierende Laden Partituren, Bücher und Libretti, klassische Musik auf Vinylplatten und ein paar Geschenkartikel (wie Spieldosen). Ein toller Ort zum Stöbern.

5
SCHÖNE MÄRKTE
mit vielfältigem Angebot

221 **MERCAT DEL BORN**
Plaça Comercial 12
Born ③

Die Markthalle in Born diente einst der Obst- und Gemüse-Versorgung für Bürger des gleichnamigen Viertels. Zu Beginn der Renovierung war sie als Feinschmecker- und Gastronomie-Zentrum konzipiert, doch die Pläne wurden fallen gelassen, als man Überreste der mittelalterlichen Stadt fand. Die Ruinen sind heute ausgestellt, die Halle selbst dient als Kultur- und Ausstellungszentrum mit Museum, einigen Läden und Cafés. Stilvoll von außen, mit Überraschungen im Inneren.

222 **MERCAT DE LA CONCEPCIÓ**
C/ d'Aragó 313–317
Dret de l'Eixample ⑩
+34 675 69 36 16
www.laconcepcio.cat

In der liebevoll restaurierten Markthalle, eine Stahlkonstruktion von Antoni Rovira i Trias, logiert ein klassischer Lebensmittelmarkt, vor allem aber ist er bekannt als Blumenmarkt von Barcelona. Kaufen Sie Floristen-Ware besser nicht auf den Ramblas; wenn Sie Blumen, Pflanzen oder Saatgut suchen, sind Sie hier richtig.

223 **MERCAT ALTERNATIU PER A JOVES**

Carrer de la Riera Baixa 1
Raval ①

Auf dem »Alternativen Markt für junge Menschen«, einem Secondhand-Markt für Kunsthandwerk, Musik und Kleidung im beliebten Raval-Viertel, ist immer etwas los. Kleidung und Comics, Tapas und Tattoos, Jacken und unabhängige Designer … Ein typischer Hipster-Markt. Geöffnet samstags 11–20.30 Uhr.

224 **MERCAT DELS ENCANTS**

Carrer de los Castillejos 158
Poblenou ⑤
+34 (0)93 246 30 30
www.encantsbcn.com

Es gibt kaum etwas, was man hier nicht findet, ob Möbel, Kleidung, Batterien, Bücher oder Reinigungsprodukte … Hier kann man ebenso auf eine schöne alte Cappuccino-Maschine stoßen wie auf günstige Möbelstücke. Geöffnet Montag, Mittwoch und Freitag. Wer von 7–9 Uhr vorbeischaut, kann an der Antiquitätenauktion teilnehmen.

225 **PALO MARKET FEST**

C/ dels Pellaires 30
Poblenou ⑤
+34 (0)93 159 66 70
www.palomarketfest.com

Der ehemalige Palo Alto Market, ein monatlich stattfindendes Event (jeweils am 1. Wochenende), präsentiert sich stolz als Kreativmarkt. Ein schnell bekannt gewordener Straßen-Flohmarkt für Designprodukte, Bio-Waren, Kleidung und Kunst. Eintritt: 4 Euro (günstiger im Vorverkauf; siehe Website).

110 ORTE, UM DAS ECHTE BARCELONA ZU ENTDECKEN

Die 5 besten Arten, um HERUMZUKOMMEN

226 **METRO**
www.metrobarcelona.es

Barcelona verfügt über ein hervorragend ausgebautes U-Bahn-Netz: schnell, zuverlässig und preiswert. An Werktagen endet der Betrieb um 0 Uhr, am Freitag um 2 Uhr nachts, Samstagnacht fährt die Metro rund um die Uhr. Das T-10-Ticket berechtigt zu 10 Fahrten (1 Zone 10,20 Euro, 2 Zonen 20,10 Euro), daneben gibt es Mehrtageskarten (»Hola BCN«: 2–5 Tage; 15,10–35,40 Euro).

227 **TAXI**
www.radiotaxi033.com

Taxis (schwarz-gelb lackiert) findet man fast überall. Winken Sie sich einfach eines am Straßenrand heran oder bestellen Sie es über die Hailo-App. Die Tarife sind recht günstig im westeuropäischen Vergleich. Geben Sie dem Fahrer daher ein gutes Trinkgeld oder lassen Sie ihm wenigstens das Wechselgeld. Der Wettbewerb ist wirklich hart.

229 **GOCAR**

226 **METRO**

228 MIETFAHRRÄDER

www.barcelona rentabike.com

Barcelona ist zwar nicht die fahrradfreundlichste aller Städte (dafür gibt es überall Taxis; siehe S. 128), doch seine Erkundung erfordert zuweilen lange Fußwege, daher kann ein Mietfahrrad (zahlreiche Anbieter!) oft viel Zeit sparen. Leider steht das automatisierte Bicing-Verleihsystem nur Einheimischen zur Verfügung.

229 GOCAR

Passeig de Pujades 7
Born ③
+34 (0)93 269 17 93
www.gocar barcelona.com

Die kleinen gelben Elektro-Cabrios, die man selbst steuert, lotsen einen per GPS ohne große Mühe zu wichtigen Sehenswürdigkeiten der Stadt, während man gleichzeitig per Audio-Guide (auch auf Deutsch) wichtige Informationen dazu erhält.

230 BUS TURÍSTIC

www.barcelona busturistic.cat

Der offizielle Touristenbus von Barcelona bietet allen, die neu in der Stadt sind, eine gute Möglichkeit, um sich erst einmal zu orientieren, einen Blick auf wichtige Sehenswürdigkeiten zu werfen und Pläne für das weitere Vorgehen zu schmieden. Es gibt drei verschiedene Routen; an jeder der 44 Haltestellen kann man jederzeit ein- oder aussteigen (Hop on, Hop off).

5 *ungewöhnliche Ziele*
NAHE DER RAMBLAS

231 **ANATOMISCHES THEATER**
MEDIZINISCHE AKADEMIE RAMC
Carrer del Carme 47
Raval ①
www.ramc.cat

Im wunderbaren anatomischen Amphitheater mit Marmorblock im Zentrum schauten Medizinstudenten ihren Lehrern bei Autopsien oder Operationen zu. Das klassizistische Gebäude mit Barockelementen wurde über das ganze 18. Jahrhundert genutzt. Führungen mittwochs 10.30–12.30 Uhr; 8 Euro.

232 **ESGLÉSIA DE BETLEM**
Carrer del Carme 2
Raval ①

Die Bethlehem-Kirche besitzt eine für Barcelona seltene schöne Barockfassade (1681). Das Interieur jedoch wurde im Bürgerkrieg zerstört. Zur Weihnachtszeit kann man hier traditionelle Krippenszenen bewundern.

233 **ANTIGUA CASA FIGUERAS**
Les Rambles 83
Raval ①

Auf halber Strecke die Ramblas hinab wurde eine ehemalige Nudelfabrik von 1820 1902 von Antoni Ros i Güell im Jugendstil geschmückt. Ein Gebäude verspielt wie eine Hochzeitstorte, mit Mosaiken, Gusseisen und bunten Glasscheiben. Eine Plakette auf dem Bürgersteig zeigt Symbole verschiedener Handwerkszünfte.

234 CORTE INGLÉS: BARTERRASSE

Plaça de Catalunya 14
Eixample ⑩
+34 (0)902 22 44 11
www.elcorteingles.es

Eigentlich gibt es kaum einen Grund, die Plaça de Catalunya zu besuchen, außer um einen Barça-Sieg zu feiern (Nr. 243). Einen guten Überblick über den Platz erhalten Sie vom Kaufhaus El Corte Inglés. Die einst heruntergekommene Cafeteria in der obersten Etage, 2016 renoviert, dient heute als Gourmet-Bar mit herrlichem Blick auf die Plaça darunter.

235 PLAÇA DEL BONSUCCÉS 6

Plaça del Bonsuccés 6
Raval ①

Auf den Ramblas kann es manchmal sehr voll werden. Wenn Sie Probleme mit großen Menschenansammlungen haben, biegen Sie einfach in diesen netten kleinen Platz ein. Hier kann man sich gut hinsetzen und entspannen.

231 ANATOMISCHES THEATER

5 *offene* »GEHEIMNISSE«, *die fast jeder kennt*

236 **SAGRADA FAMÍLIA**
C/ de Mallorca 401
Dret de l'Eixample ⑩
+34 (0)93 208 04 14
www.sagrada familia.org

Die skurrile Modernisme-Architektur der von Antoni Gaudí entworfenen Sagrada Família im katalanischen Jugendstil lohnte zwar schon seit eh und je einen kurzen Zwischenstopp. Doch jetzt, wo ihre Inneneinrichtung endlich fertiggestellt wurde, sollte sich jeder Barcelona-Besucher geduldig in die Warteschlangen reihen, um die märchenhafte Kirche, eines der berühmtesten Bauwerke der Erde, von innen zu besichtigen.

237 **PARC GÜELL**
Carrer d'Olot s/n
Gràcia ⑪
www.parkguell.cat

Der ehemalige Felsenhügel Muntanya Pelada (»Kahler Berg«) ohne nennenswerte Vegetation wurde von dem genialen Modernisme-Architekten Antoni Gaudí in eine öffentliche Parkanlage umgestaltet, eines seiner eindrucksvollsten Werke. Architektur, Skulpturen und Natur verschmelzen hier zu einem zauberhaften geometrisch-organischen Gesamtkunstwerk.

238 LA PEDRERA / CASA MILÀ

240 HOSPITAL DE LA SANTA CREU I SANT PAU

238 **LA PEDRERA/ CASA MILÀ**

C/ de Provença 261
Dret de l'Eixample ⑩
+34 (0)902 20 21 38
www.lapedrera.com

1906 von dem Geschäftsmann Pere Milà i Camps in Auftrag gegeben, ist das von Antoni Gaudí entworfene Wohnhaus dank seiner wellenförmigen Balkone und Dachornamente sofort erkennbar (abfällige Bezeichnung La Pedrera: »Steinbruch«). Seit 1984 zählt es zum UNESCO-Welterbe.

239 **MERCAT DE LA BOQUERIA**

Les Rambles 91
Raval ①
+34 (0)93 318 25 84
www.boqueria.info

Erstmals erwähnt wurde der Boqueria-Markt 1217, als man unweit des alten Stadttors Tische für den Fleischverkauf installierte. Das derzeitige Gebäude entstand 1840 unter Leitung des Architekten Josep Mas Vilà. Eine sehenswerte Markthalle für Obst, Gemüse, Fisch und Meeresfrüchte, die als »Bauch von Barcelona« gilt.

240 **HOSPITAL DE LA SANTA CREU I SANT PAU**

C/ de Sant Quintí 89
Gràcia ⑪
+34 (0)93 291 90 00
www.santpau.es

Highlight städtischer Architektur, nur 5 Minuten von der Sagrada Família, sind die Originalgebäude des Krankenhauses Sant Pau, entworfen vom genialen Modernisme-Architekten Lluís Domènech i Montaner. Hier erhält man einen Einblick, wie ein Krankenhaus zu Beginn des 20. Jahrhunderts aussah. Schon die gewächshausartigen Operationssäle lohnen den Eintrittspreis (13 Euro). Nehmen Sie am besten an einer Führung teil.

5 Pilgerorte für BARÇA-FANS

241 **CAMP NOU**
C/ d'Arístides Maillol
Les Corts ⑧
+34 (0)90 218 99 00
www.fcbarcelona.com

Anlass für einen Stadtbesuch ist auch eines der besten Fußballteams der Welt: FC Barcelona (Barça). Das Stadion, wo es seit 1957 spielt, ist der Camp Nou (93 000 Plätze). Dort können Sie ein Spiel live miterleben (siehe Website), doch es ist nicht minder spannend, dafür in eine Bar der Stadt zu gehen.

242 **FCB MUSEUM**
C/ d'Arístides Maillol
Les Corts ⑧
+34 (0)90 218 99 00
www.fcbarcelona.com

Im Camp Nou ist auch ein Museum zur Geschichte von Barça und dessen komplexer Vereinskultur untergebracht. Sein Besuch ist bei einer gebuchten Stadiontour natürlich inbegriffen.

243 **PLAÇA DE CATALUNYA**
Eixample ⑩

Auf diesem riesigen Platz (50 000 m²) von nur beschränktem architektonisch-historischem Interesse steigen regelmäßig die Siegesfeiern des FC Barcelona: Am becherförmigen Brunnen Font de Canaletes treffen sich dann gewaltige Menschenmassen. Interessant auch für auswärtige Fans, die zufällig in der Stadt sind.

244 FCBOTIGA RONDA UNIVERSITAT

Ronda de la Universitat/ Plaça de Catalunya
Dret de l'Eixample ⑩
+34 (0)93 318 64 77
www.fcbarcelona.com

Der größte Fanartikel-Shop für Barça befindet sich am Stadion selbst (nehmen Sie Eingang 9, dann tauchen Sie ab in eine 185 m² große Welt aus Fußballdevotionalien auf zwei Etagen). Sollten Sie es nicht dorthin schaffen, finden Sie auch einen entsprechenden Laden im Stadtzentrum.

245 SANT ANDREU DEL PALOMAR: WANDBILDER

Carrer del Pont 3
Sant Andreu
+34 (0)93 345 09 59

1956 erhielt der katalanische Künstler Josep Verdaguer den Auftrag, die Kirche Sant Andreu del Palomar mit biblischen Motiven in einem barocken Stil auszumalen. Doch er ignorierte die Stilvorgabe und füllte die Szenen mit Gesichtern aus der Nachbarschaft. Im Wandbild, das das Fegefeuer darstellt, trägt einer der unglücklichen Sünder einen Barça-Schal (!).

244 FCBOTIGA RONDA UNIVERSITAT

5 interessante Stätten

RUND UM OLYMPIA

246 **OLYMPIASTADION**
Carrer de l'Estadi 52
Poble Sec/Montjuïc ⑥
+34 (0)93 426 20 89
www.estadiolimpic.cat

Das Estadi Olímpic wurde 1929 für die Weltausstellung errichtet (vgl. Nr. 404) und 1992 generalüberholt: für die Olympischen Sommerspiele (Nr. 445), die ganz Barcelona neues Leben einhauchten. Es ist nach dem katalanischen Präsidenten Lluís Companys i Jover benannt, der 1940 vom Franco-Regime im benachbarten Castell de Montjuïc erschossen wurde. Es wird zwar dann und wann genutzt, verströmt jedoch inzwischen eher eine Aura vergangener Träume.

247 **PALAU BLAUGRANA**
A. de Joan XXIII s/n
Les Corts ⑧
www.fcbarcelona.com/club/facilities-and-services/palau

Der Palau Blaugrana war Veranstaltungsort für Wettbewerbe im Judo, Inlinehockey und Taekwondo. Heute gehört das Gebäude dem FC Barcelona und wird für Volleyballspiele genutzt. Wenn Sie einen Besuch planen, sollten Sie sich beeilen: Denn es gibt Pläne, einen neuen Palau Blaugrana zu errichten.

248 VILA OLÍMPICA

Poblenou ⑤

Die Vila Olímpica ist das wohl bedeutendste Vermächtnis der Olympischen Sommerspiele an Barcelona. Große Teile der Bezirke Sant Mari und Poblenou wurden damals abgerissen, um Platz für das Olympische Dorf zu schaffen. Bis heute sind die Straßen nach den Ländern jener Athleten benannt, die hier einquartiert waren. Ein futuristisch wirkendes Quartier.

249 OLYMPIA-SCHWIMMSTADION

Av. de Miramar 31
Poble Sec/Montjuïc ⑥
+34 (0)93 423 40 41
http://ajuntament.barcelona.cat/esports/

Das Schwimmstadion, 1929 eröffnet und 1955 renoviert, war 1992 Austragungsort der Wettbewerbe im Kunstspringen und der Wasserpolo-Vorausscheidungen sowie der Schwimmweltmeisterschaften von 2003. Das Städtische Schwimmbad auf dem Montjuïc mit zwei Becken und einer großen Tribüne bietet einen herrlichen Panoramablick auf Barcelona.

250 MUSEU OLÍMPIC I DE L'ESPORT JOAN ANTONI SAMARANCH

Carrer de l'Estadi 60
Poble Sec/Montjuïc ⑥
+34 (0)93 292 53 79
www.museuolimpicbcn.cat

Das Museum unter Leitung des Fundació Barcelona Olímpica, benannt nach dem katalanischen Sportfunktionär und einstigen IOC-Mitglied Joan Antoni Samaranch, ist ein interaktiver Raum, der sich jeder erdenklichen Sportdisziplin widmet. Die zentrale Philosophie gleicht der olympischen Idee, in deren Zentrum Werte wie Teamgeist, Bemühung und Beständigkeit stehen.

246 **OLYMPIASTADION**

251 **CASTELL DELS TRES DRAGONS**

5 atemberaubende Werke des MODERNISME

251 **CASTELL DELS TRES DRAGONS**
Passeig Picasso 5
Born ③
+34 (0)93 256 22 00
www.museuciencies.cat

Die »Burg der Drei Drachen« (nach einem Drama des 19. Jahrhunderts) wurde als frühes Beispiel des katalanischen Jugendstils (Modernisme) vom Architekten Lluís Domènech i Montaner entworfen und diente während der Weltausstellung von 1888 als Restaurant. Kritiker damals befanden, das nüchterne, festungsähnliche Äußere des Gebäudes passe nicht zu dieser Funktion. Heute ist hier das Naturkundemuseum (Museu de Ciències Naturals) untergebracht.

252 **CASA AMATLLER**
Passeig de Gràcia 41
Dret de l'Eixample ⑩
+34 (0)93 216 01 75
www.amatller.org

Über zwei Gaudí-Gebäude (Nr. 238, 291) und Dutzende Luxusgeschäfte kann man andere Highlights am Passeig de Gràcia leicht übersehen. Wie die Casa Amatller, die vom Besitzer einer Schokoladenfabrik bei Josep Puig i Cadafalch in Auftrag gegeben wurde. Bezüge zu seinem Nachnamen findet man direkt an der Fassade: die Initiale A und Zweige eines »Mandelbaums« (katalanisch *amatller*).

253 CASA VICENS

Carrer de les Carolines 18–24
Gràcia ⑪
www.casavicens.org

Die Casa Vicens (1883–1889) war das erste große Bauwerk des genialen Antoni Gaudí (1852–1926). In seinem Entwurf verbinden sich diverse Stileinflüsse: *Mudejar*-Elemente (ein spanischer Baustil mit arabischen Einflüssen), asiatisch inspirierte Ornamente und ein Vogelschwarm im Flug. Selbst die geometrisch angeordneten leuchtend bunten Fliesen scheinen zu vibrieren.

254 PALAU MACAYA

Pg. de Sant Joan 108
Dret de l'Eixample ⑩
+34 (0)93 457 95 31

Der Palau Macaya des Architekten der Casa Amattler wurde mit dieser zur gleichen Zeit errichtet. Josep Puig i Cadafalch fuhr jeweils mit dem Rad zwischen beiden Baustellen hin und her, weshalb man hier auf der Fassade einen Fahrradfahrer verewigte. Werfen Sie auch einen Blick auf die Treppe in der Eingangshalle mit ihren verspielt floralen Motiven. Das Gebäude, das heute einer Bank gehört, wird für Kunstausstellungen genutzt.

255 CASA DE LES PUNXES

Av. Diagonal 416
Dret de l'Eixample ⑩
www.casadeles punxes.com

Das »Haus der Punkte« der großbürgerlichen Terrades-Schwestern orientiert sich am Prunk europäischer Schlösser. Der Text unter dem Keramikbild des hl. Georg (Jordi) galt als nationalistische Provokation: »Schutzheiliger von Katalonien, gib uns unsere Freiheit zurück.« Seit 2016 ist das Gebäude für die Öffentlichkeit zugänglich. Eine Dauerausstellung widmet sich dem Architekten Josep Puig i Cadafalch und der Georgslegende.

5 *herausragende Beispiele für* NACHKRIEGSBAUTEN

256 **TORRE MARE NOSTRUM**
Carrer dels Pinzón 2
Barceloneta ④

Neben seiner historischen Substanz bietet Barcelona auch eine Reihe interessanter jüngerer Gebäude, wie das Edifici Gas Natural, bekannt als Torre Mare Nostrum (fertiggestellt 2005). Das Hauptquartier des Energieunternehmens Gas Natural ist ein Wolkenkratzer mit horizontalen Elementen, die sich aus einem vertikalen Rückgrat herauszuschieben scheinen. Nur wenige Gehminuten vom Strand in Barceloneta entfernt.

257 **CASA CODERCH**
Pg. Joan de Borbó 42
Barceloneta ④

Der nach seinem Architekten benannte Bau von 1954 figuriert auch unter der Bezeichnung Casa de la Marina. Leicht übersehbar hebt er sich deutlich ab von den endlosen Touristen-Restaurants am Passeig de Joan de Borbó. Ein Wohnhaus mit viel gerühmtem elegantem Design und auffälligen Jalousien, die die gesamte Fassade überziehen. Der Eingangsbereich birgt zahlreich Malereien des Katalanen Jaume Guinovart.

260 **PRBB: BIOMEDICAL RESEARCH PARK**

258 MEDIA TIC

Carrer de Sancho de Avila 133
Poblenou ⑤
www.elconsorci.es/

Die Fassade des Media-TIC-Gebäudes ist in Dutzende Dreiecke gegliedert, die ihm die Anmutung eines Facettenauges verleihen. Es liegt mitten im brandneuen Viertel 22@Barcelona in einem ehemaligen Industriegebiet in Poblenou, einem »innovativen Bezirk, der moderne Räume für strategische Konzentration intensiver wissensbasierter Aktivitäten bietet«.

259 EDIFICIO CMT

Carrer de Bolívia 56
Poblenou ⑤

Ein weiteres Architektur-Highlight im Entwicklungsviertel 22@Barcelona: Die ehemalige Textilfabrik wurde renoviert und in ein auffälliges Geschirr aus orangeroten Sonnenschutzelementen eingespannt. Hypermodern mit einem Hauch von Nostalgie …

260 PRBB: BIOMEDICAL RESEARCH PARK

Carrer del Dr. Aiguader 88
Barceloneta ④
+34 (0)93 316 00 00
www.prbb.org

Manuel Brullet und Albert de Pineda, Architekten des Biomedizinischen Forschungsparks PRBB (Parc de la Recerca Biomèdica de Barcelona) neben dem Hospital del Mar, mussten mit wenig Grundfläche auskommen und schufen daher einen elliptischen, kegelförmigen Raum. Da die Außenfassade den Boden nicht berührt, scheint das Bauwerk zu schweben – ultramoderne Architektur direkt am Strand.

5 *unvergessliche*

AUSSICHTSPUNKTE

261 **CASTELL DE MONTJUÏC**
Ctra de Montjuïc 66
Poble Sec/Montjuïc ⑥
+34 (0)93 256 44 40
http://ajuntament.barcelona.cat/castelldemontjuic/ca

Die imposante Festung hat eine dunkle Vergangenheit, ist aber heute zum Großteil eine leere Hülle. Als Besucher kann man durch hallende Unterführungen und über grüne Wiesen spazieren und von oben den tollen Ausblick genießen: über Stadt, Strand und Hafen mit gigantischen Kreuzfahrtschiffen.

262 **TURÓ DE LA ROVIRA**
Carrer del Turó de la Rovira 61
Gràcia ⑪

Der Hügel Turó de la Rovira (262 m) bietet von seiner Aussichtsplattform (zwischen den Ruinen einer Flugabwehrbatterie aus dem Bürgerkrieg; Nr. 480) einen perfekten Rundumblick – idealer Aussichtspunkt, um neue Entwicklungen und Baufortschritte in der Stadt zu sehen. Einst wurde das Gebiet für den Anbau von Mandeln und Wein genutzt, später entstanden zunehmend Sommerhäuser. Städtische Infrastrukturprojekte kamen dazu, wie das Reservoir der städtischen Wasserwerke und die Funktürme der Telekommunikationsunternehmen, die man heute deutlich sieht.

261 CASTELL DE MONTJUÏC

263 BLICK VOM CCCB

C/ de Montalegre 5
Raval ①
+34 (0)93 306 41 00
www.cccb.org

Sollten Sie am 1. Sonntag des Monats in der Stadt sein, können Sie die oberste (5.) Etage des Zentrums für Zeitgenössische Kultur (CCCB; Nr. 358) umsonst besuchen. Von dort bietet sich ein ungewöhnlicher Blick auf Barcelona: vom Montjuïc bis zum Meer – über Dachlandschaft und Innenhöfe des Stadtzentrums.

264 TORRE DE COLLSEROLA

Carretera de Vallvidrera al Tibidabo s/n
Tibidabo
+34 (0)93 406 93 54
www.torredecollserola.com

Der von Sir Norman Foster entworfene Funkturm (288 m) für die Olympischen Spiele 1992 (Nr. 445) am Rand des Tibidabo bildet einen ikonischen Akzent in der Stadtsilhouette. Er ist öffentlich zugänglich: Nehmen Sie den Aufzug bis zur Aussichtsterrasse (10. Stock, 135 m); von dort bietet sich ein 360-Grad-Blick auf Barcelona und die Naturlandschaften hinter dem Collserola-Hügel.

265 SANTA MARIA DEL MAR: KIRCHENDACH

Plaça de Santa Maria 1
Born ③
+34 (0)93 310 23 90
www.santamariadelmarbarcelona.org

Wenn Sie an einer Führung durch Santa Maria del Mar teilnehmen (keine Zeitverschwendung!), erhalten Sie nicht nur einen besseren Blick auf die Fensterrosen und die Risse vom Erdbeben 1428, sondern haben auch Gelegenheit, auf das Dach zu steigen. Man muss nicht betonen, dass der Ausblick von hier unbezahlbar ist!

5 STRASSEN,

die sich zu erkunden lohnen

266 CARRER DEL PARLAMENT

Sant Antoni ⑦

Wenn in Barcelona ein cooles neues Restaurant oder Café eröffnet, kann man fast darauf wetten, dass es in Sant Antoni und dort mit großer Wahrscheinlichkeit am Carrer del Parlament liegt. Ob günstiger Wein in einer zwanglosen Bodega (Vinito; Nr. 27) oder nette Kaffeebar in betont künstlerischem Ambiente (Café Cometa; Nr. 20; http://cafecometa.com): In dieser Straße finden Sie alles, was das Herz begehrt. Besonders, wenn Sie gern essen gehen.

267 CARRER DE TORRIJOS

Gràcia ⑪

Hauptarterie des Paris-ähnlichen Viertels Gràcia ist der Carrer de Verdi; nur einen Steinwurf davon entfernt beginnt der Carrer de Torrijos. Er führt vom Zentralmarkt Abaceria, vorbei an Nachbarschaftsläden (tolle Patisserie, mexikanisches Delikatessengeschäft und mehrere winzig kleine Boutiquen) zur sonnigen und grünen Plaça de la Virreina (Nr. 298).

268 RAMBLA DE POBLENOU

Poblenou ⑤

Poblenou ist schwer im Kommen: Die Einheimischen entdecken die Restaurants des Viertels wieder, und viele ziehen dorthin, weil sie das Ambiente mögen, nicht weil es billig ist – zumindest im Moment noch. Diese Rambla ist seine Hauptachse, eine pulsierende, schattige kleine Straße.

269 CARRER D'AIGUAFREDA

Gràcia ⑪

In die »Kaltwasserstraße« gingen die Stadtbewohner im späten 19. Jahrhundert, um ihre Kleidung in Brunnen und öffentlichen Becken zu waschen. Die Gegend erinnert ein wenig an Córdoba mit kleinen, eingeschossigen Häusern und jeder Menge Blumenschmuck. Hier gibt es nette Läden und Bars, doch die wahre Attraktion liegt in der Ursprünglichkeit der Straße.

270 CARRER DE L'ARC DEL TEATRE

Raval ①

Das Viertel Raval hat sich in den letzten 30 Jahren stark verändert; diese Straße vermittelt eine Vorstellung davon, wie es früher einmal aussah. Es ist nur ein kurzer Spaziergang von den lauten Ramblas durch den immer noch leicht verruchten Teil von Raval, bis man die Rambla del Raval erreicht: Hier fühlt man noch immer die typische Atmosphäre, findet jedoch auch Hipster-Kaffeebars und tolle Restaurants. Die kürzeste Distanz zwischen ganz verschiedenen Teilen der historischen Innenstadt.

Die 5 BESTEN STRÄNDE *in und um Barcelona*

271 **NOVA ICÀRIA**
Passeig Marítim de la Nova Icària 77
Poblenou ⑤

Wenn Sie am Passeig auf Frank O. Gehrys riesigen Goldfisch Peix schauen (Nr. 301), liegt Nova Icària direkt rechts hinter Ihnen. Ein Familienstrand mit Volleyballplätzen und Tischtennis.

272 **MAR BELLA**
Passeig Marítim de la Mar Bella 126
Poblenou ⑤

Mit Blick auf die Peix-Skulptur finden Sie rechts den Strand Mar Bella (10 Min. zu Fuß) mit jüngerem Publikum, teils aus der Gay Community, und vielen Frauen (auch FKK-Bereich). Mar Bella und Nova Icària gelten als beste Stadtstrände. Wenn Sie etwas Einsameres suchen: Es gibt auch schöne Strände etwas außerhalb der Stadt.

273 **JARDINS DE LA TORRE DE LES AIGÜES**
C/ de Roger de Llúria 56
Dret de l'Eixample ⑩

Dies ist tatsächlich ein öffentlicher Raum, auch wenn er wie ein privates Grundstück wirkt. Und ein besonders schöner: mit einem kleinen Becken (um einen Wasserturm), Sand und Bänken – ein winziger Stadtstrand, dank der Bäume schattiger als üblich. Ein toller Ort für Eltern mit kleinen Kindern.

274 **SANT POL DE MAR**

Sant Pol de Mar

www.santpol.cat

Das Küstendorf (Zugfahrt 65 Min.) liegt etwas weiter weg als das bekannte Sitges (Nr. 373). Man kann in Bahnhofsnähe in Strandbars entspannen oder legt sein Handtuch etwas weiter an den felsigen Strand. Tolle Fotomotive!

275 **PLAYA NATURAL DEL PRAT**

El Prat de Llobregat

www.elprat.cat

Wer sich lieber unter Einheimische mischt, fährt zur Playa del Prat. Zwar liegt auch der Flughafen El Prat in Strandnähe, doch das stört hier niemanden. Auf 5,5 km sauberem goldenem Sand tummelt sich ein bunt gemischtes Publikum. El Prat de Llobregat ist mit dem Zug von Barcelona aus erreichbar (11 Min.).

272 MAR BELLA

5 lebendige und
BELIEBTE PARKS

276 **PARC DE LA CIUTADELLA**
Passeig de Picasso
Born ③

Die einstige Zitadelle, verhasste Zwingburg zur Kontrolle der aufmüpfigen Stadt, wurde unter Jubel abgerissen, um Platz für die Weltausstellung 1888 zu schaffen. Später entstand hier ein großer, zentraler Park, der bei Anwohnern sehr beliebt ist. Östlich liegt das katalanische Parlament, der städtische Zoo ganz im Süden (Nr. 406).

277 **PARC DE L'ORENETA**
C/ de Montevideo 45
Les Corts ⑧
+34 (0)900 226 226
www.bcn.es/parcsijardins

Der größte Park der Stadt (eröffnet 1978) wurde benannt nach dem Castell de l'Oreneta, dessen Ruinen man noch auf dem Gelände findet. Er grenzt an den Collserola-Hügel, wo man lange Spaziergänge im gleichnamigen Naturpark unternehmen kann.

278 **PARC DIAGONAL MAR**
Carrer de Llull 362
Poblenou ⑤

Das von modernen Wolkenkratzern umstandene Areal erinnert ein wenig an den New Yorker Central Park. Die modernen Kunstskulpturen sind Geschmackssache, doch es gibt einen großen See, und auch die Strandzone ist ganz in der Nähe.

279 **PARC DE LA TAMARITA**

Pg. de Sant Gervasi 37
Tibidabo

Der Parc de la Tamarita liegt zwar etwas außerhalb, doch seine Anlage ist zauberhaft. Ein Teil wurde klassisch gestaltet, der andere wirkt verspielt, mit überwucherten Steinen, Glashäusern und Ruinen. Einer seiner Bäume ist eine Rarität: Von der lange als ausgestorben geltenden Wollemie (*Wollemia nobilis*), früher nur bekannt durch Jahrmillionen alte Fossilien, wachsen heute vor allem in Australien ein paar Dutzend Exemplare, und in Europa sind es noch viel weniger.

280 **PARC DE L'ESPAÑA INDUSTRIAL**

C/ de Muntadas 37
Poble Sec/Montjuïc ⑥
+34 (0)93 402 70 00

Das Gelände gehörte einst zu einer Textilfabrik, von der nur ein einzelnes Gebäude überlebte. Der recht schöne Park ist vor allem bekannt wegen seiner bizarren Drachenskulptur (ohne St. Georg!) des baskischen Künstlers Andrés Nagel.

276 PARC DE LA CIUTADELLA

5 grüne und entspannende

GARTENANLAGEN

281 **PARC DE PEDRALBES**
Av. Diagonal 686
Les Corts ⑧
+34 (0)93 413 24 00

Der Königliche Palast von Pedralbes diente früher der spanischen Königsfamilie als offizielle Residenz, wenn sie in Barcelona weilte. In einem Bambushain versteckt findet man den Herkulesbrunnen, ein kleines Frühwerk von Gaudí.

282 **JARDIN DE CAN SENTMENAT**
Carrer de Can Caralleu 14–16
Tibidabo

Im 19. Jahrhundert ließ sich der katalanische Adel gerne von Frankreich inspirieren. Eines der wenigen erhaltenen Beispiele bilden diese Gärten: Kanäle, Terrassen, Teiche, ein paar Skulpturen in einer üppigen Vegetation machen sie zu einem lohnenden Ausflugsziel.

283 **BOTANISCHER GARTEN**
Carrer del Doctor Font i Quer 2
Poble Sec/Montjuïc ⑥
+34 (0)93 256 41 60
www.jardibotanic.bcn.es

Noch vor einigen Jahrzehnten war ein großer Teil des Montjuïc stark heruntergekommen. Mit den Olympischen Spielen 1992 (Nr. 445) entstand hier ein Botanischer Garten zur Erholung (Jardí Botànic; 5,6 ha). Hier finden Sie teils exotische Pflanzen aus Australien, Chile, Kalifornien, Südafrika und natürlich besonders aus der Mittelmeerregion.

284 UNIVERSITAT DE BARCELONA

Gran Via de Les Corts Catalanes 585
Eixample ⑨

Dies ist eigentlich ein Universitätsgebäude: Gehen Sie einfach hinein und quer durch die Halle bis zu den Gärten. Hier gibt es mehrere kleine Innenhöfe mit Teichen und Orangenbäumen und einen größeren Garten zur Linken. Innerhalb des Trubels im Stadtzentrum von Barcelona eine echte Oase der Ruhe.

285 PARC DE CERVANTES

Av. Diagonal 706
Les Corts ⑧
+34 (0)93 285 38 34

Dieser Rosengarten trägt lediglich den berühmten Dichternamen, sonst erinnert dort nichts an den berühmten Autor des *Don Quijote*. Der kleine Park ist spezialisiert auf Rosen, die in 2000 Arten auf rund 2 Hektar ihre Pracht entfalten, und ist natürlich besonders hübsch zur Zeit der Rosenblüten, also von Mai bis Juli.

284 UNIVERSITAT DE BARCELONA

5 *imposante* DENKMÄLER: *Menschen, Tiere und Skurriles*

286 RAMÓN BERENGUER III.
Plaça de Ramón Berenguer el Gran
El Gòtic ②

Mit öffentlich aufgestellten Statuen signalisierte einst der Staat dem Volk, welche Person oder Ereignisse offiziell wichtig waren. Dann schaffte die Postmoderne die Vorstellung »einer Geschichte für alle« ab. Dieses Standbild (1950) folgt traditionellen Konventionen: eine Kriegerfigur auf imposantem Pferd. Ramón Berenguer III. (1082–1131), Graf von Barcelona, führte wichtige Kriege gegen muslimische Invasoren.

287 JIRAFA COQUETA
Av. Diagonal 397
Dret de l'Eixample ⑩

Einst verfolgte die Stadtverwaltung Pläne, die Rambla de Catalunya in eine reguläre Autostraße umzuwandeln. Die Einwohner wollten daraufhin an jede Straßenkreuzung ein Kunstwerk als Zeichen des Protests setzen. Von den geplanten zwölf wurden nur zwei Denkmäler von Josep Granyer verwirklicht: der *Sitzende Stier* (Nr. 18) und die *Kokette Giraffe* (Kreuzung Av. Diagonal). Die Pläne für die Straße wurden fallen gelassen, doch die Statuen lohnen einen Blick.

288 **FERNANDO BOTEROS KATZE**
Rambla del Raval
Raval ①

Gato (1990), Fernando Boteros Katzenstatue, fand nach längerer Irrfahrt ihren Platz im Raval-Viertel. Groß, fett und neugierig grinsend, ist sie ein beliebtes Kletterobjekt für Kinder (und macht Erwachsene oft etwas nervös).

289 **FREIHEITSSTATUE**
Pg. de Sant Joan 26 (Biblioteca Pública Arús)
Dret de l'Eixample ⑩

Nicht draußen auf der Straße, sondern im Foyer einer Bibliothek wirkt diese Replik der New Yorker Freiheitsstatue (Original von Frédéric-Auguste Bertholdi, 1886) schon überraschend – als »Pièce de Résistance« in einer ziemlich außergewöhnlichen Eingangshalle.

290 **LOB DES WASSERS**
IM PARC DE LA CREUETA DEL COLL
Passeig de la Mare de Déu del Coll 77
Gràcia ⑪
+34 (0)93 402 70 00

Wie eine Science-Fiction-Erscheinung wirkte auf mich das Monument *Elogio del Agua* (1987), als ich es zum ersten Mal im Parc de la Creueta del Coll erblickte. Der bekannte Baske Eduardo Chillida schuf den 54 Tonnen schweren Betonklotz, der an Stahlkabeln hängt.

288 FERNANDO BOTEROS KATZE

5 *fantastische Werke*
ANTONI GAUDÍS

291 **CASA BATLLÓ**
Passeig de Gràcia 43
Dret de l'Eixample ⑩
+34 (0)93 216 03 06
www.casabatllo.es

Neben der Sagrada Família (Nr. 236) gibt es in Barcelona weitere Werke von Antoni Gaudí (1852–1926). Die Casa Battló, gegenüber seiner La Pedrera (Nr. 238), verbindet das Motiv des hl. Georg mit wellenförmigen Linien – ein organisch wirkender Bau mit schuppenartigen Ornamenten.

292 **BELLESGUARD**
Carrer de Bellesguard 16–20
Sarrià-Sant Gervasi
+34 (0)93 250 40 93
www.bellesguardgaudi.com

Für das Wohngebäude der wohlhabenden Familie Figueras, das einer Kirche ähnelt, verband Gaudí mittelalterliche mit Jugendstil-Motiven. Der Dachboden offenbart Ideen, die er später für die Sagrada Família weiterentwickelte. Haus und Garten kann man besichtigen.

293 **PALAU GÜELL**
Carrer Nou de la Rambla 3–5
Raval ①
+34 (0)93 472 57 75
www.palauguell.cat

Das auffällige Stadtpalais entwarf Gaudí für jenen Industriemagnaten, der auch den Parc Güell (Nr. 237) in Auftrag gab. Innen wirkt es wie eine Filmkulisse: Dunkelgrauer Stein, rippenartige Säulen und großzügige Verwendung von dunklem Holz verleihen ihm einen gotischen Charakter.

294 FINCA GÜELL: DRACHENTOR

Av. de Pedralbes 7
Les Corts ⑧
+34 (0)93 317 76 52

Mudejar-Elemente findet man am Pförtnerhaus der Finca Güell, einem Anwesen, das Gaudí um 1883 für seinen wichtigsten Mäzen Eusebi Güell (vgl. Nr. 237, 293, 295) entwarf. Das Herrenhaus selbst ist nicht mehr vorhanden, doch die Tore stehen noch. Auffälligstes Element ist das berühmte Drachentor, auf dem ein schmiedeeiserner fliegender Drache (*El Drac*) sitzt.

295 COLÒNIA GÜELL

C/ Claudi Güell s/n
Santa Coloma de Cervelló
+34 (0)93 630 58 07
www.gaudicoloniaguell.org

Die Colònia Güell, etwa 23 km außerhalb im Südwesten Barcelonas, war eigentlich als Siedung für Industriearbeiter des Unternehmers Eusebi Güell mit Wohnhäusern, Schule, Theater, Geschäften und einer Kirche geplant. Mit dem Sakralgebäude wurde Gaudí beauftragt. Als das Projekt nach langer Planungsphase angelaufen war, stoppte Güell jedoch 1914 die Arbeiten an dem gesamten Ensemble. Der untere Teil des Kirchenschiffs war zu diesem Zeitpunkt bereits fertiggestellt und ist als »Krypta von Gaudí«, die Elemente der Sagrada Família (Nr. 236) vorwegnimmt, seit 2005 UNESCO-Welterbe. Ein hochinteressantes Gewölbe, das erstmals Flächen in Form hyperbolischer Paraboloide ausführt.

5
PLÄTZE,
die man nicht verpassen sollte

296 PLAÇA REIAL
El Gòtic ②

Die »Königliche Plaza«, nicht weit von den Ramblas gelegen, ist ein monumentaler Platz mit sehr spanischer Atmosphäre, palmengesäumt, mit zahlreichen Bars und Nachtclubs drum herum. Die Laternen links und rechts des Brunnens wurden von Antoni Gaudí entworfen.

297 PLAÇA DE SANT FELIP NERI
El Gòtic ②

Dieser charmante Platz, versteckt inmitten der verwinkelten Gassen des Viertels El Gòtic, wurde nach der barocken Kirche benannt, die ihn überblickt. Die Kirchenwände zeigen noch Narben einer Bombenexplosion, die 1938 ganz in der Nähe stattfand und 40 Menschen tötete, darunter zahlreiche Kinder, die sich in den Kellergewölben der Kirche versteckt hatten. Auf der Plaça, die im Mittelalter als Friedhof gedient hatte, ist also der Tod gegenwärtig. Heute präsentiert sie sich als Oase der Ruhe in einer von Passanten dicht bevölkerten Touristenzone.

298 PLAÇA DE LA VIRREINA

Gràcia ⑪

Um ein kaltes Getränk oder am Morgen einen Kaffee unter freiem Himmel zu genießen, ist das Gràcia-Viertel eine gute Wahl, denn hier findet man viele nette Plaças, wie die der Vizekönigin (*virreina*). Auf einer Seite wird sie von der Kirche Sant Joan überragt – hübsch, wenn die Sonnenstrahlen die Fassade erhellen, die ein schwach goldenes Licht zurückwerfen –, auf der anderen Seite vom Palau de la Virreina (Palast der Vizekönigin).

299 PLAÇA DE ROVIRA

Gràcia ⑪

Der Architekt Antoni Rovira i Trias (dessen auf einer Bank sitzende Statue spielende Kinder magisch anzieht) wurde in Gràcia geboren und arbeitete am Urbanisierungsprojekt des Eixample-Viertels mit. Der nach ihm benannte Platz ist ein ruhiger Ort mit vielen sommerlichen Schattenplätzen. Während der Festa Major de Gràcia (Nr. 156) finden hier Rockkonzerte statt.

300 PLAÇA DE LA VILA DE GRÀCIA

Gràcia ⑪

Als Gràcia noch ein kleines Dorf war, wollte man sich aus Protest gegen den Einzug katalanischer Männer zum Wehrdienst für das imperialistische Spanien abspalten. Als Strafe folgte eine Bombardierung, die der Uhrenturm von 1862 überlebte. Heute droht die Plaça durch immer neue Bars und Restaurants ins Touristische zu kippen. Kommen Sie möglichst bald, solange hier noch Schulkinder spielen …

297 **PLAÇA DE SANT FELIP NERI**

5 *markante*
WAHRZEICHEN

301 **EL PEIX – FRANK O. GEHRY**
Passeig Marítim de la Barceloneta
Barceloneta ④

Die Flechtskulptur des kanadisch-amerikanischen Architekten Frank O. Gehry (1992) ist unbestrittenes Highlight am Strand von Barceloneta. Die vergoldeten Streifen aus Edelstahl fangen das Sonnenlicht ein und verwandeln es in einen goldenen Schein, der über die eleganten Formen des abstrakten Fisches (*peix*) gleitet.

302 **L'ESTEL FERIT – REBECCA HORN**
Passeig Marítim de la Barceloneta
Barceloneta ④

Die deutsche Künstlerin Rebecca Horn wollte hier den klapprigen Strandbars und ähnlichen Bauten entlang des Meers, die zur Vorbereitung der Olympischen Sommerspiele 1992 (Nr. 445) abgerissen wurden, ein Denkmal setzen. Das Ergebnis: »Der Verwundete Stern« – vier wackelig gestapelte Würfel, etwa 10 m hoch, die gleichzeitig zerbrechlich und doch irgendwie solide wirken.

302 L'ESTEL FERIT

305 TORRE DE COMUNICACIONS

303 TORRE AGBAR

Av. Diagonal 211
Dret de l'Eixample ⑩
+34 (0)93 342 20 00
www.torreagbar.com

Der 38-geschossige Wolkenkratzerturm von Jean Nouvel, errichtet 1999–2004, der das gesamte Viertel dominiert, entwickelte sich nicht zuletzt wegen seiner spektakulären nächtlichen Beleuchtung schnell zu einem neuen Wahrzeichen der Stadt.

304 PAVELLÓ MIES VAN DER ROHE

Avinguda Francesc Ferrer i Guàrdia 7
Poble Sec/Montjuïc ⑥
+34 (0)93 423 40 16
www.miesbcn.com

Der Deutsche Pavillon, von Ludwig Mies van der Rohe für die Weltausstellung von 1929 entworfen, wirkte in seinem Zen-gleichen Minimalismus so atemberaubend, dass die Stadt seinen Abriss nach Ende der Veranstaltung später als Fehler erkannte. So wurde er in den 1980er-Jahren anhand von Originalplänen und -fotos originalgetreu rekonstruiert. Versuchen Sie, am Morgen vorbeizukommen: Die relative Ruhe am Montjuïc und das Licht der frühen Stunde sorgen für ein unvergessliches Erlebnis.

305 TORRE DE COMUNICACIONS – SANTIAGO CALATRAVA

Carrer de l'Estadi
Poble Sec/Montjuïc ⑥

Der Telekommunikationsturm auf dem Montjuïc, entworfen von dem umstrittenen valencianischen Architekten Santiago Calatrava, wirkt, als käme er aus einem Science-Fiction-Streifen. Doch wenn man näher hinschaut, erkennt man, dass er einen Athleten darstellt, der die olympische Fackel hält: Der Turm wurde für die Gesellschaft Telefónica für die Fernsehübertragungen während der Olympischen Spiele von 1992 (Nr. 445) errichtet.

5 Relikte aus dem RÖMISCHEN BARCINO

306 RÖMISCHE STADTMAUER

Plaça Nova
El Gòtic ②

An mehreren Stellen Barcelonas entdeckt man Überreste der römischen Stadtmauern – sofern man deren ursprünglichen Verlauf kennt. An der Plaça Nova, unweit der Kathedrale (Nr. 314), finden Sie zwei eckige Türme (4. Jahrhundert).

307 SÄULEN AUS TROJA

Plaça de Sant Jaume 4 (Palau de la Generalitat)
El Gòtic ②

Der Palau de la Generalitat (Nr. 315) mit Büros der katalanischen Regierung ist einer von wenigen Bauten aus dem Mittelalter, die noch als Regierungssitz genutzt werden. Die vier Säulen vor dem Eingang sind römisch: Der Marmor aus Troja (Türkei) gelangte im 2. Jh. v. Chr. nach Tarraco (Tarragona, Katalonien).

308 TEMPLE D'AUGUST

Carrer del Paradís
El Gòtic ②
+34 (0)93 256 21 22
http://ajuntament.barcelona.cat/museuhistoria/en/muhba-temple-augustus

Die Säulen des Tempels von Kaiser Augustus bieten einen beeindruckenden Anblick, den leider kaum jemand kennt, denn sie liegen hinter verschlossenen Toren. Trauriges Schicksal für ein Gebäude, das einst Zentrum des städtischen Lebens war: der römische Forumstempel und höchster Punkt der Stadt.

309 **NEKROPOLE**
Plaça Vila de Madrid
El Gòtic ②
+34 (0)93 256 21 00
www.barcelona.de/de/via-sepulcral-romana.html

Unter der Plaça Vila de Madrid verläuft die »Gräberstraße« Vía Sepulcral Romana: 70 Gruften einer römischen Nekropole aus dem 2. Jahrhundert, die in den 1950ern entdeckt wurden. Teils unter freiem Himmel informiert eine Ausstellung über römische Begräbnisriten.

310 **UNTERIRDISCHE RUINEN**
Plaça del Rei
El Gòtic ②
+34 (0)93 256 21 00
http://ajuntament.barcelona.cat/museuhistoria/en

Das Historische Museum (Museu d'Història de Barcelona: MUHBA) beherbergt die umfangreichsten unterirdischen Ruinen aus der Zeit des Römischen Reichs: 4000 m². Erhalten sind Überreste einer Fabrik, wo Fisch zerkleinert und gesalzen wurde, ein Wein verarbeitender Betrieb, Heiß- und Kaltwasserbäder für Bürger sowie Gruben zum Waschen und Färben.

308 TEMPLE D'AUGUST

5 sehenswerte Orte des

MITTELALTERLICHEN BARCELONA

311 **MERCAT DE SANTA CATERINA**

Avinguda de Francesc Cambó 16
Born ③
+34 (0)93 319 57 40
www.mercatsantacaterina.com

Seit seiner Renovierung 2005 werden am Mercat de Santa Caterina Teile der Fundamente ausgestellt, die man unter dem Bauwerk fand. Im 13. Jahrhundert stand hier das Dominikanerkloster Santa Caterina, später erster Sitz der Stadtverwaltung Consell de Cent. 1837 wurde es abgerissen, ein Ereignis, das maßgeblich dazu beitrug, das Interesse der Bevölkerung für gotische Architektur zu wecken.

312 **PLAÇA DEL REI**

El Gòtic ②
http://ajuntament.barcelona.cat/museuhistoria/en/muhba-placa-del-rei

Hier verbrannte die Inquisition ihre Opfer, hier wohnte auch der Henker (Nr. 483). So hat der Platz etwas Bedrückendes, obwohl sein wichtigstes Gebäude, der Palau Reial Major, einst Residenz der Grafen von Barcelona, eher imposant wirkt. Die Treppen an der Ecke führen zum Thronsaal Saló del Tinel (14. Jahrhundert), wo man angeblich Kolumbus nach seiner Rückkehr aus Amerika willkommen hieß. Thronsaal und Palastkapelle Capella de Santa Àgata können besichtigt werden.

312 **CAPELLA DE SANTA ÀGATA AN DER PLAÇA DEL REI**

313 BASÍLICA DE LA MERCÈ

Carrer de la Mercè 1
El Gòtic ②
+34 (0)93 315 27 56
www.basalicadela merce.cat

Die Barockkirche Unserer Lieben Frau der Barmherzigkeit wurde 1765–1775 errichtet. Verglichen mit der majestätischen Größe der Kathedrale (Nr. 314) oder dem Gotikjuwel Santa Maria del Mar (Nr. 265) erscheint sie auf den ersten Blick von eher geringer Bedeutung. Ein Wahrzeichen der Stadt jedoch ist die gotische Statue der Jungfrau de la Mercè aus dem 14. Jahrhundert, die mit wehendem Gewand die Kuppel krönt.

314 CATEDRAL

Plaça de la Seu
El Gòtic ②
+34 (0)93 315 15 54
www.catedralbcn.org

Die gotische Kathedrale (1298–1450) auf den Fundamenten einer schlichten frühchristlichen Basilika und romanischen Kirche darüber wirkt großartig und eindrucksvoll. Manchmal kann man das Dach besteigen: ein filmreifes Erlebnis. Wenn Sie noch 10 Minuten zur Verfügung haben, besuchen Sie auch die benachbarte romanische Capella de Santa Llúcia.

315 PLAÇA DE SANT JAUME

El Gòtic ②

Der repräsentative Hauptplatz war einst das Herz des mittelalterlichen Barcelona, wo zur Zeit des römischen Barcino das Forum gelegen hatte. Noch heute bildet er das politische Zentrum der katalanischen Metropole: auf der einen Seite der Regierungspalast Palau de la Generalitat, gegenüber das Rathaus.

5

JÜDISCHE STÄTTEN,

die einen Besuch lohnen

316 **SINAGOGA MAYOR**
Carrer de Marlet 5
El Gòtic ②
+34 (0)93 317 07 90
www.calldebarcelona.org

Im »Call«, einem der ältesten Stadtviertel um den Carrer del Call mit engen Gassen und Häusern, die sich zur Mitte neigen, lebte einst eine große jüdische Gemeinde, bis man ihre Mitglieder im 14. Jahrhundert zu konvertieren zwang oder sie vertrieben wurden. Die ehemalige Hauptsynagoge, ein schlichtes, eindrucksvolles Bauwerk, wurde erst vor wenigen Jahren wiederentdeckt und der Öffentlichkeit zugänglich gemacht.

317 **EL CALL: BESUCHERZENTRUM**
Placeta de Manuel Ribé s/n
El Gòtic ②
+34 (0)93 256 21 22
http://ajuntament.barcelona.cat/museuhistoria/ca/muhba-el-call

Erst jüngst wurde ein Besucherzentrum für das Viertel El Call (Centre d'Interpretació del Call) eröffnet: ein kleines, interaktives Museum über das Leben in dem einstigen jüdischen Quartier, bevor dieses so dramatisch von seinen Einwohnern entvölkert wurde. Es informiert nicht zuletzt über das kulturelle Erbe der jüdischen Intellektuellen, die einst hier gelebt hatten.

318 DER OSTEN VON EL CALL

C/ de Sant Honorat
El Gòtic ②

Am Ende des Carrer de Sant Honorat stand eines der Zugangstore zum Call, in einer heute verschwundenen Gasse lagen ein *Font* (Brunnen), die Sinagoga Poca (Kleine Synagoge) und weitere mittelalterliche Bauten, die man heute unter dem Hof Pati dels Tarongers im Palau de la Generalitat an der Plaça Sant Jaume 4 (Nr. 315) findet.

319 RESTE JÜDISCHER GRÄBER

Plaça del Rei s/n
El Gòtic ②

Als der jüdische Friedhof am Montjuïc im späten 16. Jahrhundert aufgelassen wurde, wurden einige der Grabsteine in den Fassaden neuer Gebäude in der Innenstadt vermauert. Steine mit jüdischen Inschriften befinden sich zum Beispiel an der Mauer des Palau del Lloctinent (Carrer dels Comtes 2), zwischen Kathedrale (Nr. 314) und Plaça del Rei (Nr. 312).

320 CEMENTIRI DE MONTJUÏC

C/ Mare de la Déu de Port 56–58
Poble Sec/Montjuïc ⑥
www.cbsa.cat/en

Der uralte städtische Friedhof am Südrand des »Judenbergs« Montjuïc beherbergt neben anderen Prominenten auch die letzten Überreste bekannter Mitglieder der jüdischen Gemeinde, bevor diese vertrieben wurde. Inzwischen ist eine lange Zeit ins Land gegangen, und das wenige, was man noch von dem ehemaligen jüdischen Friedhof fand – wie ein jüdischer Grabstein (*matsevah*) – wurde entfernt und dokumentiert.

5 Anlaufpunkte im Geschäftsviertel

LES CORTS

321 **CARRER D'EVARIST ARNÚS**
Les Corts ⑧

Nicht wenige Touristen kommen nach Les Corts, auch weil man hier das Barça-Stadion Camp Nou (Nr. 241) findet. Der Rest dieses Geschäftsviertels scheint weniger Eindruck zu hinterlassen. Trotzdem sollten Sie einen Zwischenstopp an dieser Prachtstraße mit ihren kleinen, aber feinen Stadthäusern, einem englischen Pub und dem Bangkok Café (Nr. 65), dem einzig authentischen Thai-Restaurant der Stadt, einlegen.

322 **FARMÀCIA ANTIGA OLLER**
Plaça de la Concordia 3
Les Corts ⑧
+34 (0)93 439 79 05
www.farmaciaoller.com

Die hübsche Plaça de la Concordia wird beherrscht vom Glockenturm der Gemeindekirche Santa Maria del Remei. Hier finden Sie auch eines der ältesten Geschäfte der Stadt, das seit 1860 vier Generationen von Apothekern führten. Läden wie dieser sorgen für die traditionelle, fast dörfliche Atmosphäre in einem Viertel, das vom 19. direkt ins 21. Jahrhundert katapultiert wurde.

323 **PAU-FARINETES-DENKMAL**
Plaça de Comas
Les Corts ⑧

Bevor sich das Les-Corts-Viertel zu einem vornehmen Wohnquartier entwickelte, war es ein kleines, unabhängiges Dorf, dessen Bürgermeister bekanntermaßen gern mal einen über den Durst trank. Selbst das Denkmal zu seinen Ehren zeigt ihn leicht wankend mit einem Glas in der Hand.

324 **PLAÇA DE LES CORTS**
Les Corts ⑧

Wo heute große Gebäude stehen, lag früher der Fußballplatz des FC Barcelona (Barça). Das 1922 erbaut alte Stadion wurde bis 1957 benutzt, bis man das neue, Camp Nou (Nr. 241) eröffnete. Die kleinen Häuser mit Vorgärten, die in den 1920er-Jahren als Arbeiterwohnungen errichtet wurden, sind ungewöhnlich für Barcelona, da fast die meisten Bürger in Etagenwohnungen leben.

325 **MONESTIR DE PEDRALBES**
Baixada del Monestir 9
Les Corts ⑧
+34 (0)93 256 34 34
http://monestirpedralbes.bcn.cat

Das Königliche Kloster Santa Maria de Pedralbes, nordwestlich des Stadtzentrums, wurde im frühen 14. Jahrhundert aus »weißem Stein« (*petras albas*) errichtet. Sakrale Kunst des 14. bis 20. Jahrhunderts wird im Museum präsentiert, doch auch die Klosterkirche und der gotische Kreuzgang mit Renaissancebrunnen sind einen Blick wert.

5
PALÄSTE MIT VIEL ATMOSPHÄRE

326 PALAU MOJA

Carrer de la Portaferrissa 1
El Gòtic ②
+34 (0)93 316 27 40
www.palaumoja.com

Die palastähnliche spätbarocke Residenz des Marquis de Moja mit Stileinflüssen des französischen Klassizismus wurde vom Architekten Josep Mas entworfen und 1784 vollendet. Bezeichnend für ihre Entstehungszeit sind die Fassade und der Große Salon. Heute genutzt als Restaurant, Info- und Kulturzentrum.

327 PALAU DE LES HEURES

Passeig de la Vall d'Hebron 171
Gràcia ⑪

Heura (katalanisch »Efeu«) gibt es tatsächlich jede Menge in der parkartigen Anlage, die das französisch anmutende Palais aus dem späten 19. Jahrhundert seinen vier Rundtürmen umgibt. Das prächtige Gebäude befindet sich im Besitz der Universitat de Barcelona (vgl. Nr. 284), die Gärten sind frei zugänglich.

328 PALAU MONTANER

C/ de Mallorca 278
Dret de l'Eixample ⑩

Der modernistische Palast eines Verlegers von Domenèch i Montaner (1889) wirkte fast wie ein Schuhkarton, besäße er nicht prächtige Glasmosaiken oben an der Fassade unter dem Dach. Sie stellen die Erfindung des Buchdrucks dar.

329 PALAU BARÓ DE QUADRAS

Av. Diagonal 373
Dret de l'Eixample ⑩

Trotz seines fast mittelalterlichen Aussehens wurde das modernistische Palais des Barons von Quadras von Josep Puig i Cadafalch erst 1904–1906 errichtet. Achten Sie auf die vier gotischen Fenster im zweiten Stock und die Dachgiebel und versäumen Sie nicht, auch einmal um die Ecke zu schauen: Auch die Rückseite des Hauses ist wirklich sehenswert.

330 PALAU DE LA MÚSICA CATALANA

Carrer del Palau de la Música 4–6
Born ③
+34 (0)93 295 72 00
www.palaumusica.cat

Von der auffälligen, üppig verzierten Fassade bis hin zum hellen, farbenprächtigen Interieur bietet dieses prächtige Gebäude buchstäblich eine »Symphonie fürs Auge«. Der legendäre Konzertsaal im katalanischen Jugendstil (Modernisme) wurde von Lluís Domènech i Montaner entworfen und 1905–1908 errichtet. Wenn Sie nicht wegen einer Musikveranstaltung hierherkommen (Nr. 347), empfehlen wir Ihnen unbedingt, an einer Führung teilzunehmen.

5 Orte für einen

BESUCH AN FRONLEICHNAM

331 **REIAL ACADÈMIA DE BONES LLETRES**
Carrer del Bisbe Caçador 3
El Gòtic ②
+34 (0)93 315 00 10
www.boneslletres.cat

Die Zeit um Fronleichnam, ein Hochfest im Kirchenjahr, das am Donnerstag nach dem Trinitatis-Sonntag gefeiert wird (von Ostern abhängig und daher beweglich; Mai/Juni), ist eine gute Gelegenheit für einen Besuch der Stadt. Etliche Gebäude, die normalerweise nicht für die Öffentlichkeit zugänglich sind, öffnen an diesem Tag die Tore, und das sogar umsonst. Erster Stopp: die abgeschottete, bezaubernde Königliche Akademie der Schönen Literatur.

332 **ATENEU BARCELONÉS**
Carrer de la Canuda 6
El Gòtic ②
+34 (0)93 343 61 21
www.ateneubcn.org

Im Gebäude des Kulturvereins Ateneu Barcelonés, dem klassizistischen Palau Savassona, finden heute Lesungen und andere kulturelle Veranstaltungen statt. Doch ursprünglich befand es sich in Privatbesitz, was u. a. den großzügigen Eingangsbereich (für Kutschen), das Treppenhaus und den Aufzug erklärt. Äußerst stilvoll.

333 PALAU CENTELLES

Baixada de Sant Miquel 8
El Gòtic ②

Der leicht übersehbare Palast aus dem 13. Jahrhundert, zeitweise Konzerthalle und Privathaus, dient heute als Gebäude der Stadtverwaltung. Von außen wirkt er eher nüchtern, doch im Inneren könnte jederzeit ein mächtiger französischer Adliger mit Perücke um die Ecke biegen.

334 CASA DELS ENTREMESOS

Plaça de les Beates 2
Born ③
+34 (0)93 268 35 31
www.lacasadelsentremesos.cat

Das Kulturzentrum mit Ausstellungsräumen für katalanische Volkskunst gilt auch als »Museo de Gigantes« (für die gleichnamigen Prozessionsfiguren). Wenn Sie daher mit Kindern in Barcelona unterwegs sind und diese keine Lust mehr auf Sightseeing haben, bringen Sie sie hierher.

335 CAPITANIA GENERAL DE BARCELONA

Plaça de la Mercè
El Gòtic ②

Teil katalanischer Fronleichnams-Bräuche ist das »Tanzende Ei« *(l'ou com balla)* – ein ausgeblasenes Ei, das man auf der Wasserfontäne eines Brunnens balancieren lässt. Niemand weiß so recht, woher die Tradition stammt (es gibt religiöse wie säkulare Interpretationen), die seit dem 15. Jahrhundert belegt ist. Das Ei »tanzt« an Fronleichnam in verschiedenen Gebäuden, zum Beispiel in der beeindruckenden Capitania General, die dem spanischen Militär gehört.

337 **MONESTIR DE SANT PAU DEL CAMP**

55 ORTE, WO MAN KULTUR ERLEBEN KANN

5 sehenswerte
SAKRALGEBÄUDE

336 **LA CAPELLA D'EN MARCÚS**
Placeta d'En Marcús
Born ③

Im katholischen Barcelona sind weit mehr Sakralgebäude zu besichtigen als die legendäre Sagrada Família (Nr. 236) oder Santa Maria del Mar (Nr. 265). Zum Beispiel diese kleine romanische Kapelle: der Jungfrau Maria geweiht, doch benannt nach Bernat Marcús, einem griechisch-katalanischen Bankier, der im 12. Jahrhundert ihre Errichtung finanzierte, und eines der ältesten katholischen Bauwerke der Stadt. In der Krypta wurden früher Gottesdienste abgehalten.

337 **MONESTIR DE SANT PAU DEL CAMP**
C/ de Sant Pau 101
Raval ①
+34 (0)93 441 00 01
www.santpaudelcamp.info

Das im 10. Jahrhundert vor den Toren der Stadt errichtete Benediktinerkloster »St. Paulus auf dem Feld« wurde mehrmals beschossen und zerstört, ist aber heute eines der besterhaltenen romanischen Gebäude der Stadt. Eine Oase weltabgeschiedener Ruhe mitten im Trubel von Raval – als wäre man immer noch mitten auf dem Lande.

338 **SANTA MARIA DEL PI**

Plaça del Pi 7
El Gòtic ②
+34 (0)93 318 47 43
www.basilicadelpi.com

Die trutzige gotische Kirche Santa Maria del Pi (Jungfrau der Kiefer, einer der Beinamen der Madonna) aus dem 14. Jahrhundert beeindruckt durch ihre riesige Fensterrose (Durchmesser 10 m). Sehenswert sind auch der achteckige Glockenturm und der prächtige Alabasteraltar.

339 **TEMPLO EXPIATORIO DEL SAGRADO CORAZÓN**

Cumbre del Tibidabo
Tibidabo
+34 (0)93 417 56 86
https://tibidabo.salesianos.edu/

Der pompöse neogotische »Sühnetempel des Heiligen Herzens Jesu« (1901–1961) oben auf dem Tibidabo (direkt neben dem Themenpark; Nr. 397), der nachts in goldenes Licht getaucht ist, prägt das Stadtpanorama. Man erkennt ihn schon vom Flugzeug aus, wenn man in El Prat landet. Von außen wirkt er riesig, doch innen nehmen viele kleine Details die Aufmerksamkeit gefangen. Ein Aufzug führt zur Dachterrasse, von der sich ein toller Rundblick bietet.

340 **SANT JOSEP DE LA MUNTANYA**

Av. del Santuari de Sant Josep de la Muntanya 25
Gràcia ⑪
+34 (0)93 284 05 00
https://santuariosanjose.org

Kirche, Kloster und Kapelle Sant Josep de la Muntanya (Real Santuario San José de la Montana) verbinden neoromanische mit modernistischen Stileinflüssen. Das Äußere lohnt einen genaueren Blick, doch das Innere ist nicht wirklich spannend. Sehenswert jedoch ist das Gemälde *Gesegnete Petra von San José* von Isabel Guerra, in Spanien bekannt als »Malende Nonne«.

Die 5 angesagtesten
MUSIKFESTIVALS

341 **PRIMAVERA SOUND**
www.primavera sound.com

In Barcelona finden mehrere große Musikfestivals statt. Die Festspielsaison beginnt mit dem Pop- und Rockfestival »Frühlingssound« (Primavera Sound) Ende Mai (Indie, Hip-Hop, elektronische Tanzmusik und vieles mehr). Wenn Sie sich zu dieser Zeit in der Stadt aufhalten, schauen Sie sich die Website an: Die ersten Konzerte sind frei.

342 **SÓNAR**
Poble Sec/Montjuïc ⑥
www.sonar.es

Im Juni folgt Sónar: eher danceorientiert mit elektronischer Musik, weniger alternativ als Primavera Sound. Die Mehrzahl der Konzerte findet an Veranstaltungsorten auf dem oder rund um den Montjuïc statt. 2019 traten Arca, Anger, Bad Bunny, Dixon, Joseph Capriati, Underworld sowie eine Fülle weiterer DJs und Bands auf. Daneben gibt es ein umfangreiches Rahmenprogramm (Film, Kunst, Vorträge).

343 FESTIVAL JARDINS DE PEDRALBES

Av. Diagonal 686
Les Corts ⑧
www.festivalpedralbes.com

Das Festival Jardins de Pedralbes findet im Juni und Juli im schönen Parc de Pedralbes (Nr. 281) rund um den gleichnamigen Palast statt – eine einzigartige Atmosphäre und ganz verschieden von den anderen Festivals. Es richtet sich an ein etwas reiferes Publikum. 2019 traten hier zum Beispiel Carla Bruni, Giorgio Moroder, Mariah Carey, Joss Stone und Kraftwerk auf.

344 MIRA

C/ de Sant Adrià 20
Sant Andreu
www.mirafestival.com

Mira (span. »Guck mal«) Anfang November konzentriert sich auf Überschneidungen zwischen Musik und bildender Kunst; der visuelle Teil eines Konzerts hier ist genauso wichtig wie die Musik. 2018 traten hier u. a. Carla dal Forno oder Call Super auf, hinzu kam Installationskunst von Guillaume Marmin. Die meisten Events finden im Kulturzentrum Fabra i Coats statt; für die After-Partys begeben sich alle ins Razzmatazz (Nr. 351).

345 JAZZ DE BARCELONA

www.jazz.barcelona

Bei diesem bekannten Festival, das 2017 sein fünfzigjähriges Bestehen feierte, treten spanische und internationale Jazzkünstler auf. 2019 umfasste es Interpreten wie Andrea Motis, La Locomotora Negra oder die Martín Leiton Big Band. Das Festival findet von September bis November an verschiedenen Orten in Barcelona statt.

Die 5 besten KONZERTSÄLE

346 **EL GRAN TEATRE DEL LICEU**
Les Rambles 51–59
Raval ①
+34 (0)93 485 99 00
www.liceubarcelona.cat

Im städtischen Opernhaus treten international bekannte Sänger, Musiker und Dirigenten auf, aufgeführt wurden Lorca und Genet. Die Eintrittspreise sind recht hoch, die Karten meist schnell ausverkauft. Wenn Sie es nicht hineinschaffen, dann nehmen Sie wenigstens an einer Führung teil!

347 **PALAU DE LA MÚSICA CATALANA**
Carrer de Sant Pere més alt 11
El Gòtic ③
+34 (0)902 442 882
www.palaumusica.cat

Klassische und Chormusik, eine Bach-Serie, Klavier- und Orgelwerke … Wo sich das Liceu auf Oper spezialisiert, deckt der Musikpalast alle anderen Bereiche der klassischen Musik ab, neben gelegentlichen Flamenco- oder Jazz-Konzerten. Jedes Jahr tritt hier ein Gast-Komponist auf, und es gibt eine große Ausstellung für einen bildenden Künstler.

348 **L'AUDITORI**
Carrer de Lepant 150
Dret de l'Eixample ⑩
+34 (0)93 247 93 00
www.auditori.cat

Eine große, strahlende, etwas pompös wirkende Konzerthalle. Viele Musikfreunde bevorzugen den Palau de la Música, doch das Programm ist erstklassig: Symphonien, Kammermusik und Alte Musik.

349 **MUSEU EUROPEU D'ART MODERN**

Carrer de la Barra de Ferro 5
Born ③
+34 (0)93 319 56 93
www.meam.es

Neben den großen Hallen gibt es in der Stadt auch interessante kleinere Konzertsäle. Im weniger bekannten Europäischen Museum für Moderne Kunst etwa finden fast wöchentlich Konzerte statt, mit geschmackvoller Auswahl aus Jazz und klassischer Musik. Ein verstecktes kleines Juwel.

350 **EL TEATRE MÉS PETIT DEL MÓN**

C/ de l'Encarnació 25
Gràcia ⑪
+34 (0)93 284 99 20
www.elteatremespetit delmon.com

Das »Kleinste Theater der Welt« mit nur 40 Sitzplätzen behauptet von sich, den idealen Rahmen für Kammermusik von Chopin, Beethoven und Mozart zu bieten (sowie für Eigenkompositionen des Theaterinhabers Luis de Arquer). »Saal« und Garten versprühen den verfeinerten Geschmack des 19. Jahrhunderts.

347 PALAU DE LA MÚSICA CATALANA

Die 5 coolsten
MUSIKCLUBS

351 **RAZZMATAZZ**
C/ de Pamplona 88
Poblenou ⑤
+34 (0)93 320 82 00
www.sala razzmatazz.com

In diesem riesigen Club finden DJ-Sessions und Konzerte statt. In seinen fünf Bereichen können Sie Indie-Rock, Techno, Electropop und andere Musik hören. Jede bekannte Band trat hier schon einmal auf, trotzdem wirkt der beliebte Club bis heute gleichermaßen cool.

352 **SALA APOLO**
Carrer Nou de la Rambla 113
Poble Sec/Montjuïc ⑥
+34 (0)93 441 40 01
www.sala-apolo.com

Was wie ein klassischer Ballsaal wirkt, ist Barcelonas bester Dance-Club. Die Musikauswahl ist vielseitig: von Rock über Elektro bis Folk. Sala Apolo gilt als Inbegriff der einheimischen Clubszene: cool und brandaktuell, ganz ohne unangenehmes oder gewalttätiges Publikum.

353 **SIDECAR FACTORY CLUB**
Plaça Reial 7
El Gòtic ②
+34 (0)93 302 15 86
sidecar.es

Wie bei vielen Clubs um die Plaça Reial liegt die Tanzfläche des Sidecar Factory Club unter Straßenniveau. Hier ist Indie-Rock der Star des Abends. Ein nicht besonders großer Club, was einen tollen Effekt auf die Atmosphäre hat: Es fühlt sich fast so an, als würde man eine Studentenparty stürmen.

354 **BIKINI**

Av. Diagonal 547
Les Corts ⑧
+34 (0)93 322 08 00
www.bikinibcn.com

Als Barcelona-Urgestein bietet das Bikini seit 1953 Konzerte (meist spanischer Pop und Rock), aber auch Clubnächte, musikalisch angesiedelt zwischen hartem Techno und Bruce-Springsteen-Sound. Gefällt die Musik in dem einen Raum nicht, begibt man sich einfach in den nächsten! Der Laden ist riesig.

355 **LUZ DE GAS**

C/ de Muntaner 246
Eixample ⑨
+34 (0)93 209 77 11
www.luzdegas.com

In dem ehemaligen Musiksaal sind Bühne und typische rote Vorhänge noch vorhanden, aber heute wird die Bühne für Konzerte aller Art genutzt: Blues, Jazz, Disco, Pop, Rock und Soul, je nach Wochentag. Ein bisschen teurer als andernorts, doch für einen exklusiven Abend immer empfehlenswert.

352 SALA APOLO

Die 5 anspruchsvollsten
KUNSTMUSEEN

356 **MNAC**
IM PALAU NACIONAL
Parc de Montjuïc
Poble Sec/Montjuïc ⑥
+34 (0)93 622 03 60
www.museunacional.cat

Das beeindruckende Gebäude des Nationalen Kunstmuseums Museu Nacional d'Art de Catalunya oberhalb des Springbrunnens Font Màgica de Montjuïc (Nr. 401) besitzt eine atemberaubende Kollektion katalanischer Kunst vom Mittelalter bis zur Moderne und eine Fotosammlung. Die Romanik, in Katalonien deutlich ausgeprägter als in anderen europäischen Ländern, ist dabei ein Schwerpunkt.

357 **MACBA**
Plaça dels Àngels 1
Raval ①
+34 (0)93 412 08 10
www.macba.cat

Der Grund, ein Museum für Moderne Kunst (Museo d'Art Contemporani de Barcelona) in Raval zu planen, war der Versuch, das heruntergekommene Viertel aufzuwerten. Eine Strategie, die sich bewährte. Heute beherbergt das umstrittene weiße Gebäude von Richard Meier eine hochrangige Sammlung führender zeitgenössischer Kunst – und Skateboardfahrer davor verhindern, dass es allzu museal wirkt.

357 **MACBA**

358 CCCB

C/ de Montalegre 5
Raval ①
+34 (0)93 306 41 00
www.cccb.org

Das Gebäude des Centre de Cultura Contemporània de Barcelona, ein Zentrum für Zeitgenössische Kultur (1 Min. vom MACBA entfernt), wirkt deutlich schlichter (auch wenn unterirdischer Eingang und Treppen durchaus mit dessen Entwurf mithalten können). Hier finden Ausstellungen zu Wissenschaft, Kultur, Design, Fotografie und anderen Themen neben Podiumsdiskussionen und regelmäßigen Seminaren statt. Der Buchladen (Nr. 208) bietet eine interessante Auswahl.

359 FUNDACIÓ JOAN MIRÓ

Parc de Montjuïc
Poble Sec/Montjuïc ⑥
+34 (0)93 443 94 70
www.fmirobcn.org

Der katalanische Künstler Joan Miró (1893–1983) besitzt seit 1975 ein eigenes Museum: ein schneeweißer Bau von Josep Lluís Sert am Montjuïc. Die Sammlung besteht aus 10 000 Arbeiten aus seinem Besitz, neben eigenen Werken auch solche von Alexander Calder, Mark Rothko und Marcel Duchamp. Eine der Top-Sehenswürdigkeiten Barcelonas, stellen Sie sich auf lange Wartezeiten ein.

360 MUSEU PICASSO

C/ Montcada 15–23
Born ③
+34 (0)93 256 30 00
www.museupicasso.bcn.cat

Zwar besitzt dieses Museum eine tolle Sammlung mit Werken aus verschiedenen Schaffensphasen, besonders Zeichnungen und Druckgrafik aus der Frühzeit, doch die berühmtesten Werke von Picasso sind hier nicht vertreten: Sie befinden sich in anderen Kunstmuseen auf der ganzen Welt. Trotzdem besuchenswert!

5 eher
UNBEKANNTE MUSEEN

361 **MUSEU FREDERIC MARÈS**
Plaça Sant Iu 5
El Gòtic ②
+34 (0)93 256 35 00
www.museumares.bcn.cat

Das Frederic-Marès-Museum besitzt eine der wichtigsten Sammlungen spanischer Skulpturen (3. und 4. Jahrhundert). Der gleichnamige Bildhauer sammelte auch noch andere Objekte des großbürgerlichen Barcelona aus dem 18. und 19. Jahrhundert: Spazierstöcke, Gläser, Schirme, Pfeifen, Spielzeug … Wen das nicht neugierig macht, den interessiert vielleicht, dass das Gebäude früher der Inquisition angehörte.

362 **FUNDACIÓ ANTONI TÀPIES**
Carrer d'Aragó 255
Dret de l'Eixample ⑩
+34 (0)93 487 03 15
www.fundaciotapies.org

Antoni Tàpies (1923–2012), im Ausland eher Kunstkennern bekannt, ist in Katalonien eine Legende. Die nach ihm benannte Stiftung widmet sich natürlich hauptsächlich dem Werk des Malers, Grafikers und Bildhauers, zeigt aber auch Ausstellungen anderer Künstler der zweiten Hälfte des 20. Jahrhunderts. Das Gebäude, eine Kreation im verspielten Jugendstil, wird gekrönt durch eine Arbeit von Tàpies: *Wolke und Stuhl*, ein Gewirr aus Drahtgeflecht.

364 MUSEU DEL DISSENY

363 **MUSEU DEL PERFUM**

Passeig de Gràcia 39
Dret de l'Eixample ⑩
+34 (0)93 216 01 21
www.museudelperfum.com

Ein etwas irreführender Name, denn die Sammlung besteht überwiegend aus Parfümflakons. Trotzdem ist dieses »Parfümmuseum« sehr informativ bezüglich der Geschichte des Parfüms und natürlich auch der Fläschchen, in denen es aufbewahrt wurde. Die zweiteilige Kollektion zeigt neben einem historischen Abriss einen Überblick über »Industriell hergestelltes Parfüm«, ein Gewerbe, das im 18. Jahrhundert entstand.

364 **MUSEU DEL DISSENY**

Plaça de les Glòries Catalanes 37
Dret de l'Eixample ⑩
+34 (0)93 256 68 00
www.museudeldisseny.cat

Das Design-Museum ist noch recht jung, doch Sie sollten trotzdem einmal vorbeischauen. Es logiert in einem auffälligen modernen Gebäude direkt neben der Torre Agbar (Nr. 303). Hier finden Sie Ausstellungen zu vier wichtigen Bereichen des Designs: Raum, Produkt, Information und Mode.

365 **ARTS SANTA MÒNICA**

Les Rambles 7
Raval ①
+34 (0)93 567 11 10
artssantamonica.gencat.cat

Vielseitigkeit ist hier das Schlagwort: Zu den Ausstellungsthemen zählen Architektur, Gastronomie, Geschichte, digitale Medien, zeitgenössische Kunst und vieles mehr, verteilt auf diverse Innen- und Außenbereiche eines Renaissance-Klosters. Allein das Gebäude ist einen Besuch wert. Es liegt an den Ramblas, ganz in der Nähe des Hafens. Sie können hier auch zu Mittag essen und/oder etwas trinken.

Die 5 wichtigsten KUNSTGALERIEN

366 **3 PUNTS GALERIA**
Carrer d'Enric Granados 21
Eixample ⑨
+34 (0)93 451 23 48
www.3punts.com

Kunstfreunde werden zu schätzen wissen, dass Barcelona so viele gute Galerien hat, von denen viele in der gleichen Straße liegen. Wenn Sie von der Plaça Universitat die Anhöhe hinauflaufen, ist diese Galerie Ihr erster Stopp, die junge und etablierte Künstler einander gegenüberstellt.

367 **ADN GALERIA**
Carrer d'Enric Granados 49
Eixample ⑨
+34 (0)93 451 00 64
www.adngaleria.com

Als Nächstes kommt die adn galeria (spanisch »DNS«) mit Schwerpunkt auf sozial engagierte junge Kunst. Sie versteht sich auch als Plattform für Performances und Gesprächsrunden, die über Verbindungen zwischen Kunst und Gesellschaft diskutieren.

368 **GALERÍA MARLBOROUGH**
Carrer d'Enric Granados 68
Eixample ⑨
+34 (0)93 467 44 54
www.galeriamarlborough.com

Die Galería Marlborough mit Anfängen in London (seit 1946) betreibt heute Dependancen in Chile, Florida, Monaco und Barcelona (sowie weiteren Großstädten). Neben ihrer topaktuellen Sammlung bietet sie einen besonders schönen Präsentationsraum, der zugleich hell und einladend wirkt.

369 **SALA PARÉS**

Carrer de Petritxol 5
El Gòtic ②
+34 (0)93 318 70 20
https://salapares.com

Welch eine Überraschung, in der von Touristen belagerten »Schokoladenstraße« Petritxol eine Galerie zu finden. Bei Sala Parés werden zeitgenössische spanische Künstler und vielversprechende junge Ausländer ausgestellt. 1991 eröffnet (unter dem Namen Galería Trama) und heute bestens etabliert.

370 **HAIMNEY**

C/ de Trafalgar 70
Born ③
www.haimney.com

Die Werke stammen von in Barcelona lebenden Künstlern mit internationalem Hintergrund, die in verschiedensten Stilen arbeiten. Dank des kosmopolitischen Klimas hier sind selbst kleinere Galerien wie diese für bekannte Künstler interessant. So zeigte Haimney u. a. Arbeiten des Amerikaners Wayne E. Campbell.

367 **ADN GALERIA**
MIT FREUNDLICHER GENEHMIGUNG VON ADN GALERIA UND ©ROBERTO RUIZ

5 tolle

FESTIVALS

für Theater, Tanz und Kino

371 **FESTIVAL GREC**
Poble Sec/Montjuïc ⑥
www.barcelona.cat/grec/en

Grec ist ein jährlich im Juli stattfindendes internationales Festival mit Theater-, Tanz-, Zirkus- und Musikprogrammen an verschiedenen Schauplätzen am Montjuïc. Da die meisten Theateraufführungen in Barcelona auf Katalanisch sind, ist es auch für Theaterfans aus dem Ausland interessant. Findet im Juli statt.

372 **MERCAT DE LES FLORS**
Carrer de Lleida 59
Poble Sec/Montjuïc ⑥
+34 (0)93 426 18 75
www.mercatflors.cat

Das Theater für modernen Tanz und Choreografie in Barcelona: Das ganze Jahr über finden hier verschiedene Festivals statt, die sich um Themen wie Flamenco, experimentellen Tanz, aufkommende junge Talente oder Programme für Kinder drehen. Eintrittskarten sind in Spanien oft recht teuer; eine gute Quelle für günstigere Tickets ist die Atrapalo-Website (www.atrapalo.com).

373 SITGES FILM FESTIVAL

Sitges
www.sitgesfilm festival.com

Das bekannteste internationale Filmfestival im Oktober hat sich auf Fantasy- und Horrorfilme spezialisiert. Das Sitges Film Festival ist eine tolle Gelegenheit, das gleichnamige kleine Seebad und Künstlerstädtchen westlich von Barcelona (vgl. Nr. 435) zu erkunden (20 Min. mit dem Zug).

374 CINEMA LLIURE A LA PLATJA

Sant Sebastià Beach
Barceloneta ④
www.cinemalliure.com

Kostenlose Vorführungen von Filmen unabhängiger Produzenten am Strand von Sant Sebastià (donnerstags und freitags von Mitte Juli bis Mitte August). Die Filme werden in Originalfassung mit Untertiteln präsentiert.

375 SALA MONTJUÏC

Poble Sec/Montjuïc ⑥
+34 (0)93 302 35 53
www.salamontjuic.org

Beim Open-Air-Filmfest Sala Montjuïc, das im Juli stattfindet, werden interessante Filme unterschiedlicher Genres aus dem vergangenen Kinojahr auf eine riesige Leinwand projiziert. Das Ambiente auf dem Montjuïc direkt neben der Burg ist einfach fantastisch. Man genießt erst ein Picknick bei Livemusik, dann einen Kurzfilm, bevor der Hauptfilm beginnt. Der Aufstieg lohnt sich auf jeden Fall, nicht zuletzt, weil die Temperaturen oben auf dem Berg einige Grad kühler sind als unten in der Stadt.

5

GEHEIMTIPPS

(nicht nur) für Einheimische

376 **PFLANZENSCHMUCK IN DER ALLADA VERMELL**
Carrer de l'Allada-Vermell 12
Born ③

Eine breite Straße mit Barterrassen im Stadtteil Born. Hierher kommen Hunderte Besucher, um das pflanzengeschmückte Haus Nr. 12 auf einem Foto festzuhalten. Es gehört einem älteren Paar und verströmt eine fast dörfliche Atmosphäre.

377 **VILA JOANA: SONNENAUFGANG**
Carretera de l'Església 104
Vallvidrera

Um die Torre de Collserola (Nr. 264) auf dem Tibidabo zu besichtigen, kommen Sie zuvor hierher zum Frühstück auf der Terrasse mit Blick auf die Vila Joana. Das vorwiegend ältere Publikum weiß die Schönheit des Morgens zu schätzen. Oft sieht man ein Wildschwein mit Frischlingen.

378 **BAR DELICIAS: SONNENUNTERGANG**
Carrer de Mühlberg 1
Gràcia ⑪

Die »Delikatessen« sind zwar ein wenig fett (Tapas und *patatas bravas*), doch der Ausblick beeindruckt. Die Bar selbst ist Schauplatz in Juan Marsés Romanklassiker *Letzte Tage mit Teresa* (1966). Der perfekte Ort für eine kleine Stärkung nach einem Spaziergang im Parc Güell (Nr. 237), der in Laufweite liegt.

379 L'AUTOMÀTICA

C/ de la Legalitat 18
Gràcia ⑪
www.lautomatica.org

L'Automàtica ist eine kulturelle Vereinigung bildender Künstler, Designer und Illustratoren, die sich auf aussterbende Handwerkssparten konzentriert. Mit anderen Worten: Einheimische, die die handwerkliche Vergangenheit am Leben erhalten wollen. Das Zentrum ihrer Werkstätte bildet eine originale Druckerpresse. Besucher sind willkommen.

380 LA CARBONERA

Carrer del Comte d'Urgell / Carrer de Floridablanca
Eixample ⑨

Ein eher hässliches Gebäude, bewohnt von Hausbesetzern. Nicht ungewöhnlich in Barcelona, außer dass dieses Haus ein beeindruckendes Wandbild besitzt. Es ist das älteste Gebäude im Eixample-Viertel und wurde bereits zu Beginn der Stadterweiterung Mitte des 18. Jahrhunderts errichtet.

380 LA CARBONERA

5 Schauplätze rund um den STIERKAMPF

381 **LAS ARENAS**

Gran Via de les Corts Catalanes 373–385
Eixample ⑨
+34 (0)93 289 02 44
www.arenasdebarcelona.com

In Katalonien spielte der Stierkampf nie eine große Rolle, heute ist er ein hochpolitisches Thema. Ein Pfeiler spanischer Kultur, doch in Katalonien wurde das »Spiel« 2012 per Gesetz verboten. Die letzten Stierkämpfe fanden hier 1977 statt. Die ehemalige Stierkampfarena wurde renoviert und 2010 als Einkaufszentrum neu eröffnet. Steigen Sie auf die Terrasse: Der Ausblick auf den Montjuïc ist unvergleichlich.

382 **LA MONUMENTAL**

Gran Via de les Corts Catalanes 749
Dret de l'Eixample ⑩
+34 (0)93 245 58 03

Monumental war die letzte Stierkampfarena, die man in Barcelona schloss. Architektonisch ist sie weit interessanter als Las Arenas, wegen byzantinischer und arabischer Stileinflüsse. Angeblich wollte ein Scheich das Bauwerk kaufen, um es in eine Moschee zu verwandeln. Bis dahin fungiert es einmal monatlich als Open-Air-Musikclub (www.monumentalclub.com). Zudem beherbergt es ein Stierkampfmuseum (Museo Taurino).

383 **MUSEU CAN FRAMIS**

C/ de Roc Boronat 116–126
Poblenou ⑤
+34 (0)93 320 87 36
https://www.fundaciovilacasas.com/ca

Die ehemalige Fabrik (Ende des 18. Jahrhundert) der gleichnamigen Familie dient heute als Museum für zeitgenössische Malerei im innovativen Entwicklungsviertel 22@Barcelona (vgl. Nr. 258). Die Dauerausstellung zeigt auch eine Anzahl von Werken zum Thema Stierkampf.

384 **TARRACO ARENA PLAÇA**

C/ de Mallorca 18
Tarragona
+34 (0)97 721 19 85
http://tap.cat

Im westlich gelegenen Tarragona (30 Min. mit dem Zug) wird die einstige Stierkampfarena heute für Konzerte, Sportveranstaltungen und *castellers* (»Burgen«) genutzt – eine katalanische Tradition bei Festen, zu deren Anlass Menschenpyramiden errichtet werden.

385 **ARENA VON OLOT**

Plaça de toros s/n
Olot

Die Stierkampfarena von Olot im nördlichen Pyrenäenvorland ist die älteste in Katalonien. Ein Bauwerk aus Vulkangestein, denn sie liegt am Fuß eines Vulkans (Bus von Barcelona; etwa 2 Std.).

382 LA MONUMENTAL

Die 5 interessantesten
GESCHICHTSMUSEEN

386 **MUSEU D'HISTÒRIA DE CATALUNYA**
Pla de Pau Vila 3
Barceloneta ④
+34 (0)93 225 47 00
www.en.mhcat.cat

Das Museum der Geschichte Kataloniens logiert in einem der wohl langweiligsten Gebäude Barcelonas, einer ehemaligen Lagerhalle. Doch ganz anders der spannende Rundgang: Die Bereiche zum 16. und 18. Jahrhundert sind besonders interessant; sie widmen sich u. a. Grenzkonflikten, von denen man außerhalb Spaniens kaum etwas hörte, dem Aufstieg des Barock sowie technologischen Erfindungen.

387 **MUSEU MARÍTIM DE BARCELONA**
Avinguda de les Drassanes s/n
Raval ①
+34 (0)93 342 99 20
www.mmb.cat

Das Schifffahrtsmuseum wurde untergebracht in der Halle der Königlichen Drassanes-Werft, in der vom 13. bis 18. Jahrhundert Kriegs- und Handelsschiffe vom Stapel liefen. Höhepunkt der derzeitigen Ausstellung ist der Nachbau einer 60 m langen Königlichen Galeere (16. Jahrhundert) neben verschiedenen Modellen, Navigationsinstrumenten und Multimediainstallationen, die das Leben an Bord zeigen.

388 **MUSEU DEL MODERNISME BARCELONA**

Carrer de Balmes 48
Dret de l'Eixample ⑩
+34 (0)93 272 28 96
www.mmbcn.cat

Um die Highlights des katalanischen Jugendstils (Modernisme) in den Straßen Barcelonas (vgl. Nr. 251–255) in einen Gesamtkontext zu setzen, bietet sich das Museum des Modernisme Barcelona an: Möbel und Wohnkultur in 350 Kunstobjekten mit eingehenden Informationen über die wichtigsten Künstler, deren Ziele und Inspirationen. Äußerst lehrreich und natürlich ein ästhetischer Genuss!

389 **MUSEU D'ARQUEOLOGIA DE CATALUNYA**

Passeig de Santa Madrona 39
Poble Sec/Montjuïc ⑥
+34 (0)93 423 21 49
www.mac.cat

Das Archäologische Museum Kataloniens ist der Dachverband der Museen und archäologischen Stätten dieser Region, zu dem auch die griechisch-römischen Ruinen von Empúries gehören. Sein Ableger in Barcelona präsentiert die spektakulärsten archäologischen Objekte, die man in und um Katalonien fand – von der Vorgeschichte und Kultur der Iberer über das Römische Reich bis hin zur Zeit der Westgoten.

390 **MUSEU ETNOLÒGIC**

Passeig de Santa Madrona 16
Poble Sec/Montjuïc ⑥
+34 (0)93 424 68 07
www.museuetnologic.bcn.es

Das Ethnologische Museum auf dem Montjuïc wurde erst vor Kurzem vollständig renoviert. Von seiner riesigen Sammlung wird nur ein kleiner Teil gezeigt, um die Objekte der verschiedenen Kulturen (Asien, Afrika, Amerika, Ozeanien) im jeweiligen Kontext zu erklären. Die Anzahl der behandelten Völker ist so gewaltig, dass man am besten schon vorher eine Auswahl trifft.

396 **TELEFÈRIC DE MONTJUÏC**

35 ORTE, WO SICH KINDER WOHLFÜHLEN

5
kinderfreundliche
RESTAURANTS

391 **CAFÉ MERQUÉN**
C/ de Viladomat 36
Sant Antoni ⑦
+34 (0)93 441 47 33

Das Café Merquén, benannt nach einer chilenischen Sauce mit geräuchertem Chili, verbindet indische mit katalanischen Geschmacksnoten. Hier gibt es *chorrillana* (Fleischteller mit Pommes) und Tapas, *empanadas* und *butifara* (katalanische Schweinswurst). Ein einladendes Café mit ordentlichem Essen, das manchmal überrascht.

392 **EUSKAL ETXEA**
Placeta de Montcada 1
Born ③
+34 (0)93 310 21 85
www.gruposagardi.com/restaurante/euskal-etxea-taberna

Dieses Restaurant macht mit Kulinarik und Atmosphäre klassischer Tavernen und Cidre-Häusern des Baskenlands (baskisch Euskadi) bekannt. Die Kellner gehen herum und bieten *pintxos* an (baskische Tapas): Was auch immer Sie anlacht, dürfen Sie sich vom Tablett nehmen. Die Stimmung ist äußerst entspannt, die Qualität der Gerichte erstklassig. Nur eine kleine Warnung: Hier isst (und zahlt) man immer mehr, als eigentlich geplant …

393 **SEMPRONIANA**
C/ del Rosselló 148
Eixample ⑨
+34 (0)93 453 18 20
www.semproniana.net

Eine Atmosphäre fast wie zu Hause: Ein Teil des Restaurants sieht aus wie das Esszimmer der Großeltern, ein anderer Teil wie eine Küche. In dem großen Lokal bilden strategisch platzierte Schränke mit Wein und verknoteten Gardinen kleinere Separees. Katalanische Küche mit französischem Einfluss.

394 **XIRINGUITO AIGUA**
Jardins del Príncep de Girona
Gràcia ⑪
+34 648 644 423

Xiringuito bezeichnet eine Strandbar ohne Wände, praktisch nur ein Dach über dem Sand, von denen es eine ganze Reihe entlang der Strände in Barcelona gibt. Das Xiringuito Aigua allerdings liegt nicht am Wasser, sondern in den Jardins del Príncep de Girona, einem Park mit Kiefernwäldchen. Hier erhält man vorzügliche Tapas, und für Kinder gibt es jede Menge Platz zum Rennen und Herumtoben.

395 **DOBLE ZER00**
C/ de Jaume Giralt 53
Born ③
+34 (0)93 315 17 44

Man ist nie zu jung, um zu lernen, wie man mit Stäbchen isst. Das Doble Zer00 bietet asiatische Gerichte zu akzeptablen Preisen sowie an Samstagen Kurse und Aktivitäten für Kinder. Vor dem Haus liegt ein kleiner Spielplatz, und der Parc de la Ciutadella (Nr. 276, 398) ist auch nicht weit. Auf der Facebookseite finden Sie Angebote am Abend und Ermäßigungen.

5 *Möglichkeiten,*
DIE KLEINEN IN FAHRT ZU BRINGEN

396 **TELEFÈRIC DE MONTJUÏC**
Pg. de Joan Borbó 88
Barceloneta ④
www.telefericdemontjuic.cat

Die Hafenseilbahn wurde 1929 für die Weltausstellung begonnen, um den Montjuïc mit dem Strand zu verbinden. Etwa 12 Personen passen in die Gondel, und die beeindruckende Fahrt geht auf einer Strecke von 1292 m über den Hafen (10 Min.). Eine tolle Möglichkeit, Montjuïc, Hafen und Strand aus der Luft zu sehen, und nicht nur praktisch, sondern auch unterhaltsam. Nicht zu verwechseln mit der Standseilbahn (Funicular) zwischen Metro-Station Paral-el und Spitze des Montjuïc; ebenfalls sehr praktisch, doch weit weniger spektakulär.

397 **TIBIDABO: VERGNÜGUNGSPARK**
Camí de Vallvidrera al Tibidabo
Tibidabo
+34 (0)93 211 79 42
www.tibidabo.cat

Der Parc d'Atracciones del Tibidabo, ein über hundert Jahre alter Vergnügungspark, vereinigt eher altmodische (das kleine rote Flugzeug!) mit einigen moderneren Fahrgeschäften. Keine nervenaufreibenden Attraktionen, eher ein charmanter, nostalgischer Park, von dem sich ein toller Blick auf die Stadt bietet.

398 RUDERN IM PARC DE LA CIUTADELLA

Passeig de Picasso
Born ③

Im Parc de la Ciutadella (Nr. 276) gibt es manches zu entdecken (wie das exotisch wirkende Castell dels Tres Dragons; Nr. 251). Wenn die Beine schwer werden, fahren Sie doch mit den Kindern auf den See, zum Beispiel in einem der Ruderboote! Der Eintritt in den Park ist frei, die Bootsmiete beträgt etwa 8 Euro pro eine halbe Stunde.

399 BUBBLEPARC

Plaça de l'Odissea
El Gòtic ②
+34 (0)93 309 19 02
www.bubbleparc.com

In dem selbst ernannten »Mikro-Vergnügungspark« im neuen, hochmodernen Teil des Hafens werden sich Ihre Kids völlig verausgaben. Hier können sie sich im BungyDome gut gesichert 7 Meter in die Tiefe stürzen, im Bubblepod auf Wasser laufen oder Go-Carts (Triketraks) fahren. Ein Acuaboat über seichtes Wasser dürfen die Kleinen selbst steuern.

400 GOCAR FAHREN

Passeig de Pujades 7
Born ③
+34 (0)93 269 17 93
www.gocartours.es

Die kleinen gelben Elektroautos, die Sie selbst steuern können (vgl. Nr. 229), sehen vielleicht nicht besonders cool aus, doch GPS bringt Sie zu den wichtigsten Sehenswürdigkeiten, während Sie dazu Erklärungen aus dem Lautsprecher erhalten. Die perfekte Art, um auch mit Kindern Barcelona zu erkunden.

5 WUNDERBARE DINGE,
die Kinder interessieren

401 **FONT MÀGICA**
Plaça Carles Buïgas 1
Poble Sec/Montjuïc ⑥
www.barcelona.cat/ca/que-pots-fer-a-bcn/font-magica/horaris-de-la-font-magica

Alle Fontänen am Montjuïc vereinen sich zu dieser Wasser- und Musikvorführung. Nicht kitschfrei strömt das Wasser zu *Also sprach Zarathustra* oder einem Klassiker von Queen. Eine beeindruckende Show, die die Massen stark bewegt. Anfangszeiten und Programm ändern sich je nach Jahreszeit (Infos siehe Website).

402 **MUSEU DE LA XOCOLATA**
Carrer del Comerç 36
Born ③
+34 (0)93 268 78 78
www.museuxocolata.cat

In diesem Museum neben einer Backschule erfahren Sie alles über die Herstellung von Schokolade, bevor Sie das große Schokoladengeschäft betreten. Hier nehmen Sie mit Sicherheit mehr Kalorien auf, als Sie verbrennen können.

403 **CATALUNYA EN MINIATURA**
Can Balasch de Baix
Torrelles de Llobregat
+34 (0)93 689 09 60
www.catalunyaenminiatura.com

Für »Katalonien in Miniatur« fahren Sie nach Torrelles de Llobregat westlich von Barcelona. Einer der größten Miniaturenparks der Welt: 60 000 m² voll winziger katalanischer Bauwerke, den Hauptwerken Gaudís, dem Stadion Camp Nou und den herrlichen Bergen von Montserrat.

404 POBLE ESPANYOL

Avinguda Francesc Ferrer i Guardia 13
Poble Sec/Montjuïc ⑥
+34 (0)93 508 63 00
www.poble-espanyol.com

Für die Weltausstellung 1929 entstand das Freilichtmuseum Poble Espanyol mit Nachbildungen von 117 Gebäuden aus ganz Spanien, als »Essenz« des Landes. Aufgrund seiner großen Popularität blieb es nach der Weltausstellung erhalten und entwickelte sich über die Jahre zu einer Art Freizeitpark mit Konzerten, Theateraufführungen, Kinderattraktionen, Galerien und vielem mehr.

405 PARC DEL LABERINT D'HORTA

Pg. dels Castanyers 1
Gràcia ⑪
+34 (0)93 256 44 30

Der ehemalige romantische Lustpark aus dem 18. Jahrhundert ist heute ein Ort, wo auch die Kleinen Spaß haben. Das Labyrinth aus 750 m Zypressenhecken, Wegen und Sackgassen führt zu einer Eros-Statue im Zentrum. Sie können den Kindern bei der Suche helfen (oder beim Wiederherausfinden), schließlich sind Erwachsene größer als die Hecken. Ideal auch für Naturliebhaber und Romantiker.

401 FONT MÀGICA

5 *erstaunliche* TIERE *und* NATURWUNDER

406 **ZOO**
IM PARC DE LA CIUTADELLA
Passeig de Picasso s/n
Born ③
+34 (0)90 245 75 45
www.zoobarcelona.cat

Der Zoo von Barcelona liegt im südlichen Bereich des Parc de la Ciutadella (Nr. 276). Zu seinen Höhepunkten zählen fünf Arten von Komodowaranen, das Reptilienhaus und das Gorillagehege, wo sieben Gorillas leben, sowie eine interessante Ausstellung über die Arten, die dem Menschen am nächsten stehen.

407 **AQUARIUM**
Moll d'Espanya del Port Vell s/n
El Gòtic ②
+34 (0)93 221 74 74
www.aquariumbcn.com

Im bedeutendsten Aquarium Spaniens am Hafen leben in 6 Mio. Litern Wasser 11 000 Tiere, darunter Raubfischarten wie die Muräne. Das Aquarium wurde 1995 erbaut und ist eines der größten der Welt. Seine Hauptattraktion bildet der 80 m lange verglaste Unterwassertunnel, der es erlaubt, zwischen den Meeresbewohnern zu spazieren.

408 STERNWARTE IN SABADELL

IM PARC CATALUNYA

C/ Prat de la Riba s/n
Sabadell
+34 (0)93 725 53 73
www.astrosabadell.org/es/la-entidad/observatori-sabadell

Wenn sich Ihr Nachwuchs für Sterne und Planeten interessiert, dann melden Sie sich doch für einen Gruppenbesuch bei dieser Amateur-Sternwarte an! Eine tolle Möglichkeit, etwas über die neuesten Beobachtungstechniken zu lernen. Man muss die Stadt Richtung Norden verlassen, um zum Observatorium zu gelangen (Zugverbindung ab Plaça Catalunya).

409 MAMMUT IM PARK

IM PARC DE LA CIUTADELLA

Born ③

Das Stein-Mammut im Parc de la Ciutadella (Nr. 276) nicht weit von der Kaskade sollte eigentlich das erste einer Reihe von vorzeitlichen Tieren sein, die für die Weltausstellung von 1888 geplant waren, doch der Tod des Künstlers bewirkte die Einstellung des Projekts. Das irgendwie deplatziert wirkende Urtier mit seinen hochgewölbten Stoßzähnen hat einen ganz eigenen Charme.

410 MUSEU BLAU

IM PARC DEL FÒRUM

Plaça Leonardo da Vinci 4–5
Poblenou ⑤
+34 (0)93 256 60 02
www.museuciencies.cat

Weil die Leute im »Museum für Naturkunde« wohl selbst erkannten, dass dieser steife Name nur wenig Spaß verhieß, benannten sie es kurzerhand um in »Blaues Museum«, nach dem Spitznamen unseres Planeten. Eine tolle Erlebniswelt für Kinder auf 9000 m² mit interaktiven, lehrreichen Displays zur Erdgeschichte, dem vielfältigen Leben im Mittelmeer und dem Verhalten verschiedener Tierarten.

Die 5 besten

MUSEEN FÜR KINDER

411 **COSMOCAIXA**
Carrer d'Isaac
Newton 26
Gràcia ⑪
+34 (0)93 212 60 50
www.obrasocial.
lacaixa.es

Einst Teil des Museu de la Ciència, ist dies ein tolles Ziel für neugierige Kinder, das sich mit visuell beeindruckenden Phänomenen (audiovisuelle Präsentation eines CERN-Teilchenbeschleunigers), interaktiven und visionären Aspekten (Leben im Jahr 2100) beschäftigt.

412 **MUSEUM OF IDEAS & INVENTIONS (MIBA)**
Carrer de la Ciutat 7
El Gòtic ②
+34 (0)93 332 79 30
www.mibamuseum.com

Kinder sind kreativ und neuen Ideen gegenüber aufgeschlossen, was das MIBA anzuregen sucht. Die präsentierten Erfindungen sind spektakulär bis pfiffig (Verkaufsautomat, bei dem man, um einen Snack zu kaufen, erst Kalorien verbrennen muss) oder auch absurd (fluoreszierendes Hundefutter). Höchst unterhaltsam!

413 **WACHSFIGUREN-KABINETT**
Passatge de la Banca 7
El Gòtic ②
+34 (0)93 317 26 49
www.museocerabcn.com

Nicht nur für Kinder interessant. Das »Wachsmuseum« von Barcelona (Museu de Cera) zeigt die üblichen historischen Persönlichkeiten (Christoph Kolumbus) neben Berühmtheiten aus dem Showbiz, Flamenco-Tänzern oder einem Märchenwald voller Fantasiefiguren.

414 **EL REI DE LA MÀGICA**
C/ de les Jonqueres 15
El Gòtic ②
+34 (0)93 319 73 93
www.elreydelamagia.com

»Der König der Magie« ist gleichzeitig Laden, Theater und Museum. An den Wochenenden finden hier Zaubershows statt. Das Ticket zur Show beinhaltet auch den Eintritt ins Museum. Das Geschäft wurde 1881 eröffnet; heute gibt es (natürlich) auch einen Online-Shop.

415 **MUSEU DEL FERROCARRIL**
Plaça Eduard Maristany s/n
Vilanova i la Geltrù
+34 (0)93 815 84 91
www.museudelferrocarril.org

Für das Eisenbahnmuseum müssen Sie die Stadt verlassen (Zug vom Bahnhof Sants Richtung Westen nach Sant Vicenç de Calders), doch wenn Ihr Kind Zugfahren liebt, lohnt sich der Ausflug unbedingt. Hier sind in einem ehemaligen Ringlokschuppen samt umliegendem Gelände Lokomotiven und Waggons aus dem 19. und 20. Jahrhundert ausgestellt.

414 EL REI DE LA MÀGICA

5
EISDIELEN,
wo man gerne ansteht

416 **SIRVENT**
C/ del Parlament 56
Sant Antoni ⑦
+34 (0)93 441 27 20
www.turrones sirvent.com

Wer Barcelona im Sommer besucht, wird irgendwann nach einer süßen kleinen Abkühlung verlangen. Diese traditionelle Eisdiele besteht seit 1920. Während das umliegende Viertel augenblicklich rasant zur Hipster-Hochburg mutiert, geht es hier immer nur um den Geschmack, der ausschließlich auf traditionellen Methoden basiert. An heißen Tagen reicht die Warteschlange schon mal bis auf die Straße. Lassen Sie sich nicht abschrecken, auch die Inneneinrichtung aus den 1950ern mit langer, geschwungener Theke ist sehenswert. Und probieren Sie unbedingt Erdmandelmilch (*horchata*), eine spanische Delikatesse.

417 **DELACREM**
Carrer d'Enric Granados 15
Eixample ⑨
+34 (0)93 004 10 93
www.delacrem.cat

Hier gibt es ein gutes Dutzend Eissorten, alles Klassiker von höchster Qualität und aus natürlichen Zutaten. Massimo Pignata folgt dabei den traditionellen Rezepten seiner Großeltern aus dem Piemont. Und als Italiener serviert er natürlich auch hervorragenden Kaffee.

418 PARALLELO

Carrer de Sèneca 18
Gràcia ⑪
+34 645 74 69 03
www.parallelo gelato.com

Bereit für etwas Neues? Leckermäuler werden das Kürbis-Gelato mit Amaretti lieben, Orangen-Zimt- oder Birneneis mit Zitronenöl. Wenn Ihnen der Sinn weniger nach Früchten steht, probieren Sie das pure Safraneis. Bei Parallelo wird man nie enttäuscht, auch nicht bei exotischen Kreationen wie Rote-Bete- oder Süßkartoffeleis. Dieser Laden könnte sich zu einem Liebling der Einheimischen entwickeln, schauen Sie daher lieber möglichst bald einmal vorbei.

419 GOCCE DI LATTE

Pla de Palau 4
Born ③
+34 617 98 61 86

Das italienische Inhaberpaar Matteo und Rita überträgt beste italienische Eismachertraditionen in die Welt der Veganer und Gourmets. Die gesamte Palette ist vegan, mit Sorten wie Schoko-Minze, Koriander, Ingwer-Birne, Zitrone mit Chili …

420 ROCAMBOLESC

Les Rambles 51–59
Raval ①
www.rocambolesc.com

Bei Rocambolesc erhält man natürlich ausgezeichnetes Eis, doch der eigentliche Knaller sind die Sorbets am Stiel. Das von Hand geformte Blutorange- oder Mangosorbet zergeht buchstäblich auf der Zunge, das Blaubeer-Vanille-Sorbet kommt als Darth-Vader-Helm und das leckere nasenförmige Erdbeer-Rosenwasser-Sorbet spielt ironisch auf den Riesenzinken des Inhabers, Konditormeister Jordi Roca, an. Ein wirklich guter Grund für einen Spaziergang auf den Ramblas.

5 KINDER-LABELS,

die die Kleinen gar nicht wieder ausziehen

421 **YPORQUÉ**
IM ROCK 01
C/ de Bonavista 16
Gràcia ⑪
www.yporque.com

»Aber warum?« (*y porqué?*). Diese Frage, die Eltern kleiner Kinder kennen, bildet den Markennamen. Bei Yporqué gibt es coole Alltagskleidung für Kinder dieses Alters. Die hellen und fröhlichen Designs sollen alle fünf Sinne anregen (mit Geräuschen, Texturen, Gerüchen, Spielen oder fluoreszierenden Bildern). Achtung: Die Adresse, die Sie auf Google finden, führt zu den Büros der Firma. Wer ihre Klamotten kaufen möchte, besucht am besten die Läden »Rock 01« oder »,248 adults« (Carrer del Rosselló 248 im Eixample).

422 **BÚHO BARCELONA**
Carrer del Consell de Cent 302
Dret de l'Eixample ⑩
+34 (0)93 461 98 50
www.buhobcn.com

Das Label (*búho:* Eule) entwirft und produziert seine Kleidung in Spanien, Portugal und Frankreich. Niedliche Klamotten für Kids im Alter zwischen drei Monaten und 12 Jahren, gut ausgewogen zwischen dezent und eher unkonventionell.

423 **TINYCOTTONS**
Via Augusta 25
Gràcia ⑪
+34 (0)93 193 53 48
www.tinycottons.com

Die Eigentümer Barb Bruno und Gerard Lazcano wollten eine modische Kleidermarke für Kinder wie für erwachsene Fashionistas kreieren: »stilvoll und kühn«. Ein Ansatz so unbekümmert, wie man sich die ideale Kindheit vorstellt: helle, nicht zu grelle Farben, viele Aufdrucke mit Begriffen und lustigen Wortspielen. Man produziert in Fairtrade-Fabriken mit umweltschonenden Materialien.

424 **BOBO CHOSES**
IM LATERCERA
Carrer Brosolí 4
Born ③
+34 625 30 17 96
www.bobochoses.com, www.namebcn.com/latercerashop/

Das Label möchte die »magische, leidenschaftliche Welt der Kinder« einfangen, mit Kleidung in einem leichten Vintage-Look, die von Hand bedruckt ist. Die Besitzerin Adriana Esperalba arbeitet als Illustratorin, ihre Kollektionen erzählen ganz eigene, fantastische Geschichten …

425 **THE ANIMALS OBSERVATORY**
C/ Roselló 244 2-1
Dret de l'Eixample ⑩
+34 (0)932 62 99 14
www.theanimalsobservatory.com

Laia Aguilar, Mitbegründerin von Bobo Choses, startete mit Jan Andreu ein neues Modelabel. Ob Sie einen Baby-Strampler suchen, Hosen für einen kleinen Jungen oder Schuhe für Ihr Töchterchen, hier finden Sie garantiert etwas: stilvoll, ausgefallen und angesagt. Der Markenname basiert auf der Idee, Kleidung solle so »ehrlich sein wie ein Tier«. An der Adresse am Carrer Roselló finden Sie neben den Büros von TAO auch einen Verkaufsraum.

15 ORTE ZUM ÜBERNACHTEN

5 der ANGESAGTESTEN Adressen

426 **HOTEL PRAKTIK VINOTECA**
Carrer de Balmes 51
Eixample ⑨
+34 (0)93 454 50 28
www.hotelpraktik vinoteca.com

Ein Hotel rund um den Wein mit lärmgeschützten Räumen (im recht lauten Eixample) und eigenem Weinexperten. Angenehme Zimmer und eine tolle Lage: Der Passeig de Gràcia zum Shoppen ist nicht weit, ebenso die Plaça de Catalunya (Nr. 243; Bus zum Flughafen).

427 **PARS TEATRO HOSTEL**
Carrer d'Albareda 12
Poble Sec/Montjuïc ⑥
+34 (0)93 443 94 66
www.teatrohostel.com

Barcelona erkunden mit kleinem Budget? Dann probieren Sie doch dieses Hostel. Zwar gibt es hier nur Schlafsäle, doch der Service ist ausgezeichnet, das Ambiente nett und ein wenig verrückt. Das aufstrebende Poble Sec liegt nicht weit vom Stadtzentrum, doch auch nicht so zentral, dass es zu laut werden könnte.

428 **HOTEL BRUMMELL**
Nou de la Rambla 174
Poble Sec/Montjuïc ⑥
+34 (0)93 125 86 22
www.hotel brummell.com

Ein weiteres Haus in Poble Sec. Das Boutique-Hotel mit minimalistischem Design, Sonnenterrasse (samt Mini-Pool) und Restaurant bietet 20 kompakte Zimmer mit kostenlosem WLAN und Regendusche. Die Penthouse-Zimmer verfügen über eigene kleine Terrassen.

429 **BARCELÓ RAVAL**
Rambla del
Raval 17–21
Raval ①
+34 (0)93 320 14 90
www.barcelo.com/
barcelohotels

Das Vier-Sterne-Haus ist nicht gerade günstig, doch das Erlebnis einprägsam: Der lilafarbene Turm, mit Metalljalousien verkleidet, wirkt fast futuristisch im beliebten Raval-Bezirk. Die glamouröse Eingangshalle ist überschwänglich dekoriert, die Zimmer tadellos, und von der Dachterrasse bietet sich ein 360-Grad-Blick in die Umgebung.

430 **BANYS ORIENTALS**
C/ de l'Argenteria 37
Born ③
+34 (0)93 268 84 60
www.hotelbanys
orientals.com

Benannt nach dem arabischen Badehaus, das einst hier lag, ist das Banys Orientals ein hochmodernes, stilvolles Hotel mit kleinen, funktionalen Zimmern. Die Lage im Stadtteil Born bedeutet zwar am Tag eine hohe Touristenfrequenz, doch dafür nachts wenig Verkehr. Mehrere gute Restaurants, Cafés und Klamottenläden findet man in unmittelbarer Nachbarschaft.

428 **HOTEL BRUMMELL**

Die 5 besten

HOTELS AM MEER

431 **HOTEL PULLMAN SKIPPER**
Av. del Litoral 10
Barceloneta ④
+34 (0)93 221 65 65
www.pullman-barcelona-skipper.com

Meerblick macht sich im Preis bemerkbar. Wer ihn sich leisten möchte, findet hier eine Handvoll Hotels, die sich diesbezüglich lohnen. Das Pullman Barcelona Skipper, 1 Minute vom Strand entfernt, bietet vom Dach mit Pool Ausblicke auf die Wahrzeichen der Stadt. Luxuriöse Zimmer mit Standard eines Fünf-Sterne-Hauses.

432 **HOTEL ARTS**
C/ de la Marina 19–21
Barceloneta ④
+34 (0)93 221 10 00
www.hotelartsbarcelona.com

Das 44-geschossige Hotel am Strand trägt ein Geschirr aus horizontalen, vertikalen und quer verlaufenden Metallstreben. Das Innere wirkt gleichermaßen futuristisch. Mehrere Bars und Restaurants, einige davon hervorragend – Arola (Nr. 114) und Enoteca (Nr. 18).

433 **W BARCELONA**
Plaça de la Rosa dels Vents 1
Barceloneta ④
+34 (0)93 295 28 00
www.w-barcelona.cat

Ein beeindruckendes Stück Architektur von Stardesigner Ricardo Bofill, das den Blick nach oben zieht. Eingangshalle, Lounge und Ausblick … Alles ist hier XXL. In angenehmem Kontrast dazu setzen die Zimmer auf makellosen Minimalismus.

434 HILTON DIAGONAL MAR

C/ del Taulat 262–264
Poblenou ⑤
+34 (0)93 507 07 07
www3.hilton.com

Etwas von der Stadtmitte entfernt (und ihren Touristenmassen) ist das Hotel beim Fòrum-Kongresszentrum bei Geschäftsleuten beliebt. Doch auch andere Gäste finden Gefallen an den stilvollen Zimmern sowie dem Dach mit Purobeach Pool, Sonnenterrasse und Blick auf mehr oder weniger bekannte Wahrzeichen.

435 HOTEL SUBUR

Paseo de la Ribera 66
Sitges
+34 (0)93 894 00 66
www.hotelsubur.com

Falls Sie sich entscheiden, im westlich gelegenen Sitges (vgl. Nr. 373) zu übernachten (weniger überfüllt und etwas wärmer) und Barcelona von dort aus zu erkunden, empfiehlt sich das Hotel Subur: nah am Strand und abends mit Postkartenblick auf die Kirche Sant Bartomeu.

433 BLICK VOM W BARCELONA

5 besonders

STILVOLLE LOGIS

436 **HOSTAL GOYA**
C/ de Pau Claris 74
Dret de l'Eixample ⑩
+34 (0)93 302 26 65
www.hostalgoya.com

Hinter schlichten Eingangstüren versteckt sich eine Einrichtung im Stil der klassischen Moderne. Minimalistisch dekorierte Zimmer lassen die ursprünglichen Mosaikböden vollendet zur Geltung kommen.

437 **BUHO HOTEL**
Gran Via de les Corts Catalanes 660
Dret de l'Eixample ⑩
+34 (0)93 768 73 82
www.buhohotel.es

Das industrielle Großbürgertum des 19. Jahrhunderts besaß guten Geschmack und tiefe Taschen, sodass ihnen Barcelona zahlreiche repräsentative Gebäude im Jugendstil verdankt. Das Buho logiert in einem solchen Bau mit prächtiger Fassade. Innen ist es minimalistisch und modern, die Lage unnachahmlich: auf halbem Weg zwischen Passeig de Gràcia und Parc de la Ciutadella (Nr. 276).

438 **POBLENOU BED & BREAKFAST**
Carrer del Taulat 30
Poblenou ⑤
+34 (0)93 221 26 01
www.hostalpoblenou.com

Ein zweigeschossiges Haus aus den 1930ern mit bemalter Fassade, hübsch renovierten Zimmern und – entscheidender Faktor! – einer tollen Lage in Poblenou, einem Viertel, das gerade schwer im Kommen ist. Entdecken Sie es, bevor es ein anderer tut!

439 PENSION EOS
Gran Via de les Corts Catalanes 575
Eixample ⑨
+34 (0)93 451 87 72
www.pensioneos.com

Das von Schwulen geführte Hostel in der Nähe der Plaça Universitat besitzt interessante Bilder an der Wand, einen Loungebereich mit Billardtisch, helle, schön eingerichtete Zimmer und zwei Terrassen. Kein durchgehendes Designkonzept, doch ein relaxter Ort nah am kosmopolitischen, hippen Stadtleben.

440 THE 8
Carrer d'Aragó 281
Dret de l'Eixample ⑩
+34 (0)93 676 43 78
www.the8bedandbreakfast.com

Das brandneue Boutique-Hostel THE 8 hat sich ganz dem Minimalismus verschrieben, die Farben Schwarz und Weiß dominieren. In den Badezimmern findet man Produkte der Kultmarke Rituals, der Frühstücksbereich dient auch als Lounge. Der Carrer d'Aragó ist eine viel befahrene Straße, doch vom Straßenlärm hört man in dem Gebäude nichts.

438 POBLENOU BED & BREAKFAST

55 WISSENSWERTE FAKTEN + 5 WELLNESS-TIPPS

5 WICHTIGE DATEN, *die die Stadtgeschichte prägten*

441 **19 V. CHR.: GRÜNDUNG VON BARCINO**

Die Römer haben die Iberische Halbinsel erobert und gründen die Stadt Barcino. Die Siedlung wird angelegt, um Land an Veteranen (pensionierte kaiserliche Soldaten) zu verteilen. Die äußerst günstige Lage von Barcino fördert den wirtschaftlichen Aufschwung. Im heutigen Barcelona erhielt sich aus dem römischen Barcino der Augustus-Tempel (Temple d'August; Nr. 308).

442 **1714: STADTZERSTÖRUNG**

Ab dem 18. Jahrhundert sind die verschiedenen Königreiche Spaniens vereint und dank ihrer Kolonien in der Neuen Welt zu großem Wohlstand gelangt. Ein Disput über die Nachfolge König Karls II. führt zum Spanischen Erbfolgekrieg. Die Stadt begibt sich widerwillig auf die Seite Karls III. von Österreich und wird von der Armee der Bourbonen am 11. September 1714 praktisch dem Erdboden gleichgemacht (Nationalfeiertag Diada Nacional de Catalunya).

443 **1909: SETMANA TRÀGICA**

Die »Tragische Woche« (25. Juli–2. August) bezeichnet eine Reihe blutiger Auseinandersetzungen zwischen spanischer Armee und Arbeitern in Barcelona und anderen Städten Kataloniens, ausgelöst durch Einberufungsbefehle an Reservisten zur Verstärkung der Truppen in Marokko, wo Spanien den 2. Rifkrieg austrug. Etwa 150 Personen kamen ums Leben; über 1700 wurden vor Militärgerichten angeklagt wegen »bewaffneter Rebellion«.

444 **1938: BOMBENHAGEL**

Während des blutigen Bürgerkriegs (1936–1939) erlitt Barcelona mehrere Luftangriffe. Unter dem Kommando Mussolinis bombardierten italienische Flugzeuge 1938 dreizehnmal die Stadt, wobei sie 44 Tonnen Bomben gezielt auf Zivilisten abwarfen. Mehr als 1000 Menschen starben; über 2000 wurden verletzt. General Franco hatte die Angriffe als Vergeltung an der katalanischen Bevölkerung angeordnet.

445 **1992: OLYMPISCHE SOMMERSPIELE**

Mit den Olympischen Sommerspielen erfand sich Barcelona neu als Touristenziel. Die Baumaßnahmen der frühen 1990er gelten bis heute als Vorbild für jede potenzielle Olympia-Stadt. Spanien erlebte einen wirtschaftlichen Aufschwung, der allerdings bereits 2008 abrupt zum Stillstand kam, als im ganzen Land die Immobilienblase platzte.

5 *lesenswerte*
WERKE ZUR GESCHICHTE
Barcelonas

446 **MEIN KATALONIEN**
GEORGE ORWELL
1938

Ein Bericht George Orwells über seine Erlebnisse im Spanischen Bürgerkrieg: Der Autor von *1984* und *Farm der Tiere* kam im Dezember 1938 in Barcelona an, mit dem erklärten Ziel, den Faschismus zu bekämpfen. Er wurde Mitglied der kommunistischen POUM (Arbeiterpartei der Marxistischen Einigung) und diente an der Front in Aragón. Heim kehrte er mit einem Bericht über einen blutigen und verworrenen Krieg unter detaillierter Beschreibung der politischen Situation.

447 **BARCELONA**
ROBERT HUGHES
1992

Der australische Kunstkritiker Robert Hughes (1938–2012), der geplant hatte, ein Buch über den Jugendstil in Barcelona zu schreiben, legt hier ein umfassendes Werk über die Geschichte der Stadt vor (nur auf Engl.), von ihrer Gründung bis ins frühe 20. Jahrhundert. Die ersten Kapitel (über die Entwicklung einer katalanischen Identität) und die Schluss-Sequenzen (über den Modernisme) sind besonders lesenswert.

448 **HULDIGUNG AN BARCELONA**
COLM TÓIBÍN
1990

Der irische Schriftsteller und Journalist (geb. 1955), der mehrmals für den Booker Prize nominiert war, lebt seit den 1970er-Jahren immer wieder zeitweise in Barcelona. In seiner *Homage to Barcelona* beschreibt er Geschichte und Kultur der Stadt, vor allem die Veränderungen, die sich damals vor seinen Augen abspielten. Barcelona hatte ihn bereits zu seinem Debütroman *Der Süden* (1990) inspiriert.

449 **CATALONIA. A CULTURAL HISTORY**
MICHAEL EAUDE
2007

Diese Abhandlung (nur auf Engl.) befasst sich etwa mit dem gleichen Zeitraum wie Robert Hughes' (deutlich voluminöser) Band, konzentriert sich dabei jedoch stärker auf die Rolle Kataloniens in Spanien. Das geografische Spektrum ist also breiter, denn im Fokus steht ganz Katalonien – weit über Barcelona hinaus.

450 **FORGOTTEN PLACES. BARCELONA AND THE SPANISH CIVIL WAR**
NICK LLOYD
2015

Im ersten Teil seiner lesenswerten Darstellung (nur auf Engl.) erklärt Barcelona-Reiseführer Nick Lloyd die Ursprünge des Spanischen Bürgerkriegs und stellt die vielen »Spieler« auf dem Schachbrett des Krieges vor. Die zweite Hälfte widmet sich Orten in Barcelona, die in den Auseinandersetzungen eine Rolle spielten. Dank zahlreicher Zitate von Zeitzeugen sehr lebendig.

5 ROMANE, *die in Barcelona spielen*

451 **DER SCHATTEN DES WINDES**
CARLOS RUÍZ ZAFON
2001

Mit dem Roman *Schatten des Windes* kehrt die Magie in die Altstadt Barcelonas zurück. Im Spanien der Franco-Ära versucht der Sohn eines Buchhändlers, mehr über den mysteriösen Autor Julian Carax herauszufinden und entdeckt dabei zahlreiche versteckte Winkel in einem morbiden, gespenstischen Barcelona. Gut zu lesen, leichter als die Nachfolgewerke der insgesamt vierteiligen Reihe.

452 **DIE STADT DER WUNDER**
EDUARDO MENDOZA
1986

Seit seinem Debüt *Die Wahrheit über den Fall Savolta* (1975) ist Eduardo Mendoza bei Kritik und Publikum beliebt. Der internationale Ruhm folgte 1976 mit seinem historischen Roman *Die Stadt der Wunder* über den abenteuerlichen Aufstieg eines Niemands aus der Provinz zum mächtigen Industriemagnaten Barcelonas zwischen den Weltausstellungen 1888 und 1929. Eine ironische Parabel über die glorreichen Zeiten der Metropole mit einem gewagten Mix aus historischen Fakten und Fantasie.

453 **DIE KATHEDRALE DES MEERES**
ILDEFONSO FALCONES
2006

Der Roman verwebt die Erbauung der Kathedrale Santa María del Mar mit der Geschichte vom Aufstieg eines Hilfsarbeiters zum Seekonsul, geschrieben von einem Autor, der das Spanien des 14. Jahrhunderts als Schmelztiegel aus Einheimischen, Juden und Muslimen äußerst detailliert recherchierte. Zentrales Viertel ist Born. Eine opulente Erzählung und spannende Urlaubslektüre.

454 **VICTUS. DER UNTERGANG BARCELONAS**
ALBERT SÁNCHEZ PIÑOL
2012

Für Albert Sánchez Piñol war der riesige Erfolg seines historischen Romans eine echte Überraschung. In viele Sprachen übersetzt, verwandelt er in *Victus. Der Untergang Barcelonas* ein dramatisches Ereignis aus der Stadtgeschichte (ihre Belagerung am Ende des Spanischen Erbfolgekriegs) in eine säbelrasselnde Abenteuergeschichte. Zentrales Viertel ist Born.

455 **AUF DER PLAÇA DEL DIAMANT**
MERCÈ RODODERA
1962

Der subtile Roman gilt als katalanischer Klassiker: Leben und Liebesgeschichte einer jungen Frau in Barcelona vor dem Hintergrund von Armut, Rollenzwängen und Spanischem Bürgerkrieg. Beeinflusst von den Autoren der Moderne, verwendet die Autorin eine Stream-of-Consciousness-Erzähltechnik, die an Virginia Woolf erinnert. Zentrales Viertel ist Gràcia.

Die 5 besten in Barcelona gedrehten

FILME

456 **ALLES ÜBER MEINE MUTTER**
1999

Pedro Almodóvars bester Film (Oscar, Golden Globe) ist auch (zufällig?) der einzige, den er in Barcelona drehte. In dem farbintensiven Melodram mit starken Frauen (und zahlreichen Anspielungen an die Filmgeschichte) spielt Penelope Cruz eine HIV-positive Nonne und Carmen Maura eine trauernde Mutter, die sich hingebungsvoll um sie kümmert.

457 **VICKY CRISTINA BARCELONA**
2008

Woody Allen verwandelt Barcelona hier in einen traumartigen (Urlaubs-)Ort, wo sich zwei amerikanische Freudinnen ihren Sehnsüchten stellen (und Liebe, Eifersucht und Schmerz auch ausleben). Heiter und zugleich sehr berührend.

458 **BERUF: REPORTER**
1975

Teilweise in Barcelona gedreht und dort spielend, zeigt dieser kulturpessimistisch angehauchte Film von Michelangelo Antonioni Jack Nicholson als Journalisten, der die Identität eines verstorbenen Hotelgasts und Waffenhändlers annimmt, um ein neues Leben zu beginnen.

459 BARCELONA, ANTES DE QUE EL TIEMPO LO BORRE

2010

Wie entwickelte sich Barcelona zu einem Jugendstiljuwel? Dank des unglaublichen Reichtums, der sich hier zu Beginn des 20. Jahrhunderts anhäufte. Dieser Dokumentarfilm von Mireia Ros porträtiert das wohlhabende Großbürgertum einer boomenden Stadt mit Fokus auf die eigene Familie der Regisseurin, die Baladías. »Barcelona, bevor die Zeit es auslöscht« ist eine Art *Der Große Gatsby* auf Spanisch.

460 BIUTIFUL

2010

Das mexikanisch-spanische Filmdrama zeigt eine ganz andere Seite Barcelonas: die Armut der illegalen Einwanderer, Straßenverkäufer und Akkordarbeiter. Javier Bardem spielt darin einen krebskranken Mann, den ein von ihm verschuldeter Unfall quält, bei dem mehrere illegale Einwanderer getötet wurden. Ein düsterer Film von Regisseur Alejandro González Iñárritu (*Amores Perros*).

5 MUSIKVIDEOS,

die in der Stadt entstanden

461 **SLOW**
KYLIE MINOGUE

Dieser Kylie-Song von 2003 beginnt mit einem tollen Blick auf Barcelona vom Städtischen Schwimmbad auf dem Montjuïc (vgl. Nr. 249), das, für die Olympischen Sommerspiele von 1992 (Nr. 445) erbaut, immer noch genutzt wird. Ein Musikvideo so sexy und lasziv wie ein typischer Sommertag in Barcelona.

462 **LOCA**
SHAKIRA

Zum Großteil an den Stränden Barcelonas gedreht (ohne offizielle Genehmigung!), zeigt das Video *Loca* (2010), wie Shakira »verrückte Dinge« (*loca*) macht, ebenso das Chaos, das ausbricht, als der kolumbianische Popstar von Passanten erkannt wird.

463 **MY IMMORTAL**
EVANESCENCE

Ein Song der amerikanischen Rockband Evanescence aus dem Jahr 2003. Das Video zeigt die Band beim Durchstreifen des Viertels Born. Die Plaça de Sant Felip Neri (Nr. 297) bildet ein zentrales Motiv, eine äußerst passende Location, da der Platz noch heute »Narben« des Bürgerkriegs zeigt und auch der Song von Narben handelt, die niemals heilen. Gänsehautgefühl!

464 **AIN'T NOBODY (LOVES ME BETTER)**
FELIX JAEHN & JASMINE THOMPSON

Hipster-Bärte, Coffee-to-Go, Skateboards und schöne junge Menschen, die sich verlieben: Barcelona wirkte selten so tauglich für Instagram wie auf diesem Video. Auch der Mercat de la Boqueria (Nr. 239) ist zu sehen. Ein sonniges, schwungvolles Video (2015), das den Wunsch befördert, sofort hierher zu ziehen.

465 **SEXY BACK**
JUSTIN TIMBERLAKE

Sexy Back (2006) zeigt Justin Timberlake in einem James-Bond-ähnlichen Agentenklamauk in einem (nicht identifizierbaren) supercoolen Luxushotel in Barcelona. Das Video drehte der Regisseur Michael Haussman, der Spanien schon durch seine Zusammenarbeit mit Madonna bei *Take a Bow* kannte. Es beginnt mit einer eindrucksvollen Aufnahme des Telefèric de Montjuïc (Nr. 396).

5 WENDUNGEN AUF KATALANISCH, *die gut ankommen*

466 **BON DIA/ BONA TARDA/ BONA NIT/ ADÉU**

Es mag vielleicht läppisch klingen, doch die Beherrschung selbst rudimentärster Wendungen auf Katalanisch kann dazu beitragen, dass einen die Einheimischen eher als Besucher denn als Touristen betrachten. Beginnen Sie ein Gespräch mit einer dieser drei Phrasen, die (in der obigen Reihenfolge) »Guten Morgen«, »Guten Tag/Nachmittag« und »Guten Abend/Gute Nacht« bedeuten. Und *Adéu* heißt »Auf Wiedersehen«.

467 **SISPLAU/ GRÀCIES**

Die Höflichkeitsformel *sisplau* (als kontrahierte Form von *si us plau*, wörtlich: »wenn es Ihnen/Euch gefällt«) bedeutet »Bitte« und *gràcies* (ausgesprochen wie das spanische *gracias*) so viel wie »Danke/ Vielen Dank«.

468 **PERDONI, QUANT COSTA AIXÒ?**

»Entschuldigung, wie viel kostet das?« Hoffentlich kann der Ladenbesitzer diese Frage auf Deutsch oder Englisch beantworten, denn eine Auflistung der katalanischen Zahlen würde hier den Rahmen sprengen. Wie auch immer er sich äußert, *Es una mica car, no?* (»Das ist ein bisschen teuer, oder?«) könnte die Antwort lauten.

469 **EM DIC .../ SÓC DE .../ MOLT DE GUST**

»Ich heiße .../Ich komme aus .../Sehr angenehm«. Sollte Ihr Gesprächspartner daraus folgern, dass Sie fließend Katalanisch sprechen, hier eine weitere nützliche Phrase: *No ho entenc. Parla alemany/ anglès?* – »Ich verstehe (Sie) nicht. Sprechen Sie Deutsch/Englisch?«

470 **T'ESTIMO/ DEIXA'M EN PAU**

Verlieben kann man sich immer schnell und sollte vorbereitet sein: *T'estimo* heißt »Ich liebe dich«. Ungewollte Liebesbekundungen indes wehrt man am besten ab mit einem schroffen *Deixa'm en pau* – »Lassen Sie/Lass' mich in Ruhe!«.

5 skurrile oder opulente
PFÖRTNERLOGEN

471 MARMOR MIT PFERDEKOPF

Via Augusta 109
Gràcia ⑪

Achten Sie einmal bewusst auf die Pförtnerlogen vieler Gebäude in Barcelona. Früher besaß jedes einen Portier, für den ein Platz zum Sitzen sowie ein Wartebereich für Besucher zur Verfügung stand. Heute, wo dieser Berufsstand mehr oder weniger ausgestorben ist, wirken diese Logen oft unheimlich bis seltsam. Dieses sonderbare Beispiel präsentiert sich in schwarz-weißem Marmor, die Tür mit schmiedeeisernen Verzierungen und einem Pferdekopf aus Marmor.

472 GOTISCHES FREUDENHAUS

Via Augusta 159
Gràcia ⑪

In der Via Augusta gibt es viele dieser gut erhaltenen Pförtnerlogen, die ähnlich aussehen wie die in anderen Stadtvierteln, vor allem im Eixample. Dieses Beispiel allerdings wirkt wie aus einem Schauermärchen, mit roten Ledersofas und Milchglaslampen, die vergebens versuchen, gegen die Dunkelheit anzukämpfen.

473 **RAUMSCHIFF**
Via Augusta 139
Gràcia ⑪

Diese Empfangsloge wirkt in erster Linie unheimlich: eine schmale Schachtel, die an den Film *2001: Odyssee im Weltraum* erinnert. Linker Hand führt eine Rampe zum Keller, von wo ein gruseliges Licht herüberscheint.

474 **BRICK ATTACK**
Via Augusta 130
Gràcia ⑪

Einfach ein Meisterwerk. Zur Rechten eine Wand aus Ziegelsteinen mit hölzernen Briefkästen, die heute als Antiquitäten durchgehen. Zur Linken ein quadratischer Tisch aus imitiertem Marmor, mehrere Sofas und ein halbmondförmiger Schreibtisch als Cocktailbar. Der Portier überblickt sein Reich von einem Tisch im ersten Stock.

475 **MÖCHTEGERN-MIES-VAN-DER-ROHE**
Via Augusta 195
Gràcia ⑪

Die Idee der grünen Marmorwand wurde offensichtlich vom Pavelló Mies van der Rohe für die Weltausstellung 1929 (Nr. 304) auf dem Montjuïc entlehnt, doch leider orientierte sich der Architekt nicht auch an dessen minimalistischem Entwurf, sondern schwelgte ungebremst in Opulenz, ging buchstäblich »in die Vollen«. Besonders dominant: der kristallene Lüster in Gestalt einer Gänsefeder.

5 Reminiszenzen der GEWALT

476 GRANATE GENERAL PRIMS

Carrer de Socrates/ Carrer Gran de Sant Andreu
Sant Andreu

Manchmal hinterlässt vergangene Gewalt ihre Spuren in der Gegenwart, die absichtlich konserviert werden. So auch hier: Aus der Fassade des Gebäudes ragt etwas, das wie eine Brüstung aussieht, jedoch eine Granate ist, abgefeuert am 22. September 1843 von Juan Prim, Gouverneur von Barcelona, der nach Protesten gezwungen wurde, aus der Stadt zu fliehen.

477 VERGIFTUNG NAPOLEONISCHER TRUPPEN

Carrer d'Ataülf
El Gòtic ②

Dieses pharmazeutische Geschäft, Ecke Carrer d'Ataülf und Gignàs, besteht seit dem späten 18. Jahrhundert, ursprünglich, wie auf der Fassade zu lesen ist, als königliche Apotheke (*botica de la Corona*). Ihrem Besitzer José Antonio Balcells gelang einst der Beweis, dass Soldaten der napoleonischen Armee, die damals die Kontrolle über Barcelona ausübten, mit Arsenderivat vergiftet wurden. Die historische Anekdote der »Giftverschwörung« von 1812.

478 **SPUREN DES ERDBEBENS VON 1428**

C/ Sant Domènec del Call 6
El Gòtic ②

Das älteste Gebäude der Stadt im ehemaligen jüdischen Viertel El Call (vgl. Nr. 316, 317) neigt sich auffällig nach vorn. Dies ist nicht die Folge eines Konstruktionsfehlers, sondern des Erdbebens von 1428, des größten, das Katalonien je ereilte.

479 **REFUGI 307**

C/ Nou de la Rambla 175
Poble Sec/Montjuïc ⑥
+34 (0)93 256 21 00
www.museuhistoria.bcn.cat

Refugi 307, ein Luftschutzbunker aus dem Bürgerkrieg, bestehend aus fast 400 m Tunnel, wurde von der Bevölkerung des Viertels Poble Sec in Eigenarbeit in den Montjuïc hineingegraben. Er umfasst mehrere Räume, Toilette, Brunnen, Kranken- und Kinderzimmer sowie einen Kamin.

480 **REFUGI DEL CARMEL**

C/ Marià Labèrnia s/n
Gràcia ⑪
+34 (0)93 256 21 22
http://ajuntament.barcelona.cat/museuhistoria/ca/muhba-turo-de-la-rovira

Die Gedenkstätte am Aussichtshügel Turó de la Rovira (Nr. 262) steht seit 2011 Besuchern offen. Sie umfasst die Überreste einer Flugabwehrbatterie aus dem Bürgerkrieg und ein kleines Museum über diese Zeit sowie über die Barackensiedlung, die bis in die 1950er-Jahre bestand. Eine Seite Barcelonas, die kaum jemand kennt.

5 spannende

STÄDTISCHE MYTHEN

481 MAGISCHES QUADRAT DER SAGRADA FAMÍLIA

C/ de Mallorca 401
Dret de l'Eixample ⑩

Wenn Sie die Sagrada Família (Nr. 236) durch das Passionsportal (Südwestfassade) betreten, fällt Ihnen vielleicht ein Zahlenquadrat auf, dessen Quersumme horizontal, vertikal, diagonal jeweils 33 ergibt. Man munkelte, Gaudí sei Freimaurer gewesen und die Zahl spiele auf die 33 Grade der Initiation an. Doch das Kunstwerk entwarf gar nicht Gaudí, sondern Josep Maria Subirach – und die Zahl 33 bezieht sich auf das Alter Jesu Christi bei seiner Kreuzigung.

482 PONT DEL BISBE

Carrer del Bisbe s/n
El Gòtic ②

Die »Bischofsbrücke« über den Carrer del Bisbe zeigt einen Schädel am Kreuz. Einem städtischen Mythos zufolge wird Barcelona zu Staub zerfallen, wenn man den kreuzartigen Dolch entfernt. Die Brücke wurde erst in den 1920er-Jahren von Joan Rubió i Bellver errichtet, der das gotische Viertel in einen Themenpark verwandeln wollte. Das Projekt wurde aufgegeben; zum Trost durfte der Architekt zumindest die Brücke entwerfen.

482 **PONT DEL BISBE**

483 HENKERHAUS

Plaça del Rei s/n
El Gòtic ②

Da er kein wohlhabender Mann war, lebte der Henker im schmalsten Haus der Stadt, heute Teil des Museu d'Història de Barcelona (MUHBA). Die Fassade ist noch heute an ihrem Balkon erkennbar. Trotz seiner Schmalheit hatte es einen Vorteil: Es lag direkt neben dem »Arbeitsplatz« des Henkers, der Plaça del Rei (Nr. 312). Gerüchten zufolge verdiente dieser sich ein Zubrot mit Knochen der Exekutierten, die man zu Salben und Amuletten verarbeitete.

484 SONNENUHR IM PARK

Parc de la Ciutadella
Born ③

Was bedeutet das auffällige Denkmal nahe dem Zugang zum Parc de la Ciutadella (Nr. 276) am Estaciò de Franca? Ein hoher, reich verzierter Sockel, ein Globus mit römischen Ziffern. Gerüchten zufolge erinnert es an den Eingang eines Freimaurertempels. In Wahrheit ist es eine meteorologische Säule mit sphärischer Sonnenuhr, die für die Weltausstellung von 1888 hier aufgestellt wurde.

485 METRO-STATION ROCAFORT

Gran Via de les Corts Catalanes s/n
Eixample ⑨

Metro-Stationen sind »Spukschlösser« des 20. Jahrhunderts. Angeblich sah man schon Leute in der Metro-Station Gaudí warten (die längst aufgegeben wurde). Auch auf Rocafort lastet angeblich ein Spuk, denn sie hat eine Rekordzahl an Selbstmorden zu verzeichnen, und ihre Kameras nehmen auch nach Schließung immer noch Bewegung auf …

5 bemerkenswerte
KURIOSITÄTEN

486 PALAU DE LA ADUANA: VERRIEGELTES FENSTER

Passeig de Josep Carner 27
Raval ①

Derzeit ein Regierungsgebäude, ist dieses Bauwerk aus dem 18. Jahrhundert als Palau de la Aduana (»Zollpalast«) bekannt, benannt nach den früheren Benutzern. Auffällig sind die großen Fenster mit Balkonen, von denen eines jedoch permanent versperrt und auch von innen verriegelt ist, denn einst soll ein Häftling auf diesem Weg entkommen sein.

487 CATEDRAL MIT TÜR INS NICHTS

Pla de la Seu s/n
El Gòtic ②
+34 (0)93 315 15 54
www.catedralbcn.org

Wenn Sie auf der Plaça Sant Iu an der Catedral von Barcelona (Nr. 314) nach oben schauen, erkennen Sie eine offensichtlich funktionslose dunkle Holztür in der Fassade, etwa auf Höhe des 3. Stockwerks. Dies ist nicht etwa der »Privatausgang Gottes«, sondern der des Königs: Denn auf der anderen Seite liegt der Palau Reial Major (vgl. Nr. 314) im Eigentum der Krone, den einst eine Brücke über die Straße mit der Kathedrale verband. Die Brücke wurde 1714 zerstört.

488 SCHNECKENKOLONIE

Carrer de Tamarit 89
Sant Antoni ⑦

Diese Hausfassade wurde mit Dutzenden Schneckenhäusern verziert. Zwei Reliefs ganz oben zeigen einen Mann, der sich seinen Lebensunterhalt mit Schneckensammeln aufbesserte und dabei zufällig in einer Höhle im Montjuïc auf einen Topf voll Gold stößt. Warum die Besitzer all diese Schnecken haben wollten, bleibt ein Geheimnis, das Architekt Carles Bosch Negre mit ins Grab nahm.

489 TEMPEL TALLER MASRIERA

Carrer de Bailèn 72
Dret de l'Eixample ⑩

Das fast vergessene klassizistische Gebäude am Carrer de Bailèn, ein römischer Tempel mit Modernisme-Anklängen, entstand im späten 19. Jahrhundert als Ateliergebäude für die Brüder Masriera, prominenter Maler und Goldschmied der Stadt. Heute leben hier Nonnen, die Tore sind verschlossen, und der wuchernde Vorgarten wird immer mehr zur Barriere zwischen Tempel und Welt.

490 PAVILLON HINTER DEM LAGERHAUS

Plaça Carles Buigas
Poble Sec/Montjuïc ⑥

Kurz vor Eröffnung der Weltausstellung von 1929, als jedes Teilnehmerland seinen Pavillon erhalten hatte, stellte die Stadtverwaltung fest, dass man denjenigen für den spanischen König vergessen hatte. Der in nur drei Monaten hochgezogene Pabellón de la Ciudad ist zwar noch erhalten, wird aber heute fast komplett verdeckt durch das Lagerhaus Hangar Z-6.

5 gute Gründe für einen
BLICK NACH OBEN

491 **VERGESSENE WERBE-EULE**

Avinguda Diagonal / Passeig de Sant Joan
Dret de l'Eixample ⑩

Die Stadt Barcelona strebt in die Höhe, blicken Sie also ab und zu nach oben. Selbst in der langweiligen, verkehrsreichen Avinguda Diagonal wird man oft überrascht. Die Eule oben auf dem Gebäude hätte längst verschwinden müssen, denn die Firma, die mit ihr warb, existiert nicht mehr, und der Einsatz von Neonlicht wurde verboten. Doch die Leute liebten sie, daher ist es heute nur eine Eule, ohne Neon und Werbebotschaft, die verdrießlich den Trubel zu ihren Füßen bewacht.

492 **CASA DE LAS PARAGUAS**

Les Rambles 82
Raval ①

Die Casa Bruno Quadros kennt man eher als »Haus der Regenschirme«. Denn als Architekt Josep Vilaseca 1883, auf der ersten Welle des Modernisme mitschwimmend, mit der Renovierung begann, lag im Erdgeschoss ein Geschäft für Regenschirme. Der Fassadendekor zeigt nicht nur aufgespannte Schirme, sondern auch fernöstliche Motive; so ragt aus einer der Ecken ein großer schmiedeeiserner Drache.

491 EULE AN DER AVINGUDA DIAGONAL

493 TORRE DEL RELOJ

Moll dels Pescadors s/n
Barceloneta ④

Dieser Uhrenturm, eine oft übersehene Schönheit, diente einst als Leuchtturm, als Teile des Strandes noch als kommerzieller Hafen genutzt wurden. Als seine Signalfunktion nicht mehr benötigt wurde, installierte man oben eine Uhr.

494 TORRE DE LES AIGÜES DEL BESÒS

Plaça de Ramon Calsina
Poblenou ⑤
+34 (0)93 256 36 42

Dieser Wasserturm ist nicht zu übersehen, wird jedoch von der spektakuläreren Torre Agbar (38 Stockwerke; Nr. 303) deutlich übertrumpft. Als eines der letzten Relikte der industriellen Vergangenheit des Stadtteils Poblenou kann er besichtigt werden.

495 KUPPEL DES HAUPTPOSTAMTS

Via Laietana 1
El Gòtic ②

Das riesige, repräsentative Hauptpostamt (Edificio de Correos) böte innen die perfekte Kulisse für eine Verfilmung von Franz Kafka. Man zieht eine Nummer, und während man darauf wartet, ein paar Briefmarken zu kaufen, wandert der Blick nach oben: zur Glaskuppel, den antikisierenden Wandgemälden und den vergoldeten Laternen (etwas darunter). Im Vorraum stehen zwei antike Fahrräder, mit denen spanische Postboten früher Briefe und Telegramme austrugen.

5

WELLNESS-TIPPS

für erschöpfte Reisende

496 **AIRES DE BARCELONA**
Passeig de Picasso 22
Born ③
+34 (0)93 295 57 43
www.beaire.com

Sie fühlen sich nach tagelangem Pflastertreten in den Straßen der herrlichen Stadt mitgenommen? Dann steuern Sie diese anspruchsvolle Badeanlage in einem einstigen Warenhaus aus dem 17. Jahrhundert an. Tauchen Sie ein in eines der fünf Becken, strecken Sie sich auf erwärmten Marmorbänken aus, probieren Sie die Aromatherapie in der stimmungsvollen Atmosphäre gedämpften Lichts. Ein entspannendes Erlebnis, das sich an antiken und osmanischen Badetraditionen (Hamam) orientiert.

497 **BARCELONA HAIR ACADEMY**
Carrer de l'Església 4
Gràcia ⑪
+34 694 47 35 75
www.barcelonahairacademy.com

Bereit, sich noch mehr verwöhnen zu lassen? Dann lassen Sie sich in der Barcelona Hair Academy die Haare schneiden oder stylen. Die Friseurfachschule bietet günstige Preise – keine Sorge, die Schüler werden von Profis unterstützt –, und jeder hier spricht Englisch. Der Salon wendet sich besonders an junge, kosmopolitische Kunden – und freut sich über ein Feedback.

498 THE PINK PEONY

Passeig de Gràcia 100
Dret de l'Eixample ⑩
+34 (0)93 487 84 64
www.thepinkpeony.com

Das Mani- und Pediküre-Unternehmen im amerikanischen Stil besitzt drei Salons in Barcelona: in Gràcia, Les Corts und am schicken Passeig de Gràcia im Eixample. Nagelhautentfernung und Waxing gehören auch zum Angebot. Der Service ist fix, professionell und mehrsprachig, die Atmosphäre unprätentiös und einladend.

499 FLOTARIUM

Plaça de Narcís Oller 3
Gràcia ⑪
+34 (0)93 217 36 37
www.flotarium.com

Eine Freundin weigerte sich einmal, einen Geschenkgutschein dieser Firma anzunehmen, sie könne sich nicht vorstellen, »in einem Sarg« zu entspannen. Pech für sie, denn tatsächlich gibt es kaum etwas Angenehmeres, als in Salzwasserlösung in einer geschlossenen Hülle zu liegen und bei Klängen leiser Musik langsam wegzudriften. Auch Angebote speziell für Schwangere.

500 YOGALINDA

C/ de Rosa Sensat 4
Poblenou ⑤
+34 (0)93 221 15 06
www.yogalinda.es

Für manche funktioniert Entspannung in erster Linie über körperliche Anstrengung: Yoga bei etwa 40 °C (Bikram oder Hot Yoga) etwa ist extrem anstrengend, doch das anschließende Wohlgefühl auch einfach unübertroffen. Bei Yogalinda kann man auch Ashtanga- (Vinyasa-) Yoga praktizieren – nur 5 Minuten zu Fuß vom Strand von Barceloneta entfernt.

283 **BOTANISCHER GARTEN**

REGISTER

IMPRESSUM

DEUTSCHE AUSGABE © 2020 BRUCKMANN VERLAG GMBH, MÜNCHEN

AUTOR – Mark Cloostermans

FOTOS – Tino van den Berg, www.autoexilio.com außer:
Shutterstock: S. 58 o.: Maxim Apryatin; S. 134 o.: Jaroslav Moravcik

COVERFOTO – Palau de la Musica (Secret 330 und 347)

LAYOUT – Joke Gossé and Sarah Schrauwen

DEUTSCHE ÜBERSETZUNG – Silke Elzner

SATZ – M. Feuerstein, wigel

PROJEKTLEITUNG – Claudia Hohdorf, Sarah Schindler

LEKTORAT – Dagmar Lutz

KORREKTORAT – Anke Höhne

HERSTELLUNG – Alexander Knoll

Printed in Slovenia by Florjancic
ISBN 978-3-7343-1455-1
www.the500hiddensecrets.com

★★★★★

Sind Sie mit diesem Titel zufrieden? Dann würden wir uns über Ihre Weiterempfehlung freuen. Erzählen Sie es im Freundeskreis, berichten Sie Ihrem Buchhändler oder bewerten Sie bei Onlinekauf. Und wenn Sie Kritik, Korrekturen, Aktualisierungen haben, freuen wir uns über Ihre Nachricht an: Bruckmann Verlag, Postfach 40 02 09, D-80702 München, oder per E-Mail an: lektorat@verlagshaus.de.

Unser komplettes Buchprogramm finden Sie unter www.bruckmann.de

Die Deutsche Nationalbibliothek verzeichnet diese Publikation in der Deutschen Nationalbibliografie; detaillierte bibliografische Daten sind im Internet über http://dnb.d-nb.de abrufbar.